AF452051

LA

POUDRE A TIRER

ET

SES DÉFAUTS

PAR

MM. ANDRÉAS RÜTZKY & OTTO V. GRAHL.

Traduit par **M. L. JOULIN.**

PARIS,

LIBRAIRIE MILITAIRE.

J. DUMAINE, LIBRAIRE-ÉDITEUR DE L'EMPEREUR

Rue et Passage Dauphine, 30.

1864

LA

POUDRE A TIRER

ET SES DÉFAUTS.

Imprimerie de Cosse et J. Dumaine, rue Christine, 2.

LA

POUDRE A TIRER

ET

SES DÉFAUTS

PAR

MM. ANDRÉAS RÜTZKY & OTTO V. GRAHL.

Traduit par M. L. JOULIN.

PARIS,
LIBRAIRIE MILITAIRE.
J. DUMAINE, LIBRAIRE-ÉDITEUR DE L'EMPEREUR,
Rue et Passage Dauphine, 30.

1864

AVANT-PROPOS.

Bien rarement une invention dans le domaine des armes à feu a amené de plus grandes luttes que celle d'une nouvelle préparation à tirer, et surtout de la *poudre-coton*.

Schönbein et Böttcher avaient à peine découvert cette dernière, que déjà Cavalli et l'Artillerie française avaient fait les premiers essais fructueux avec les canons rayés connus déjà depuis longtemps; et pendant que ces armes, malgré les dénégations opiniâtres dirigées contre leurs avantages, s'introduisaient néanmoins dans toutes les armées, la poudre-coton, expérimentée par les premières artilleries de l'Europe, avait une destinée inconstante. Ses propriétés étant encore imparfaitement connues, il se montrait dans sa préparation des défauts que l'on interprétait en grande partie à l'avantage de la poudre à tirer, et alors, avec un rare courage et une exaspération qui ne s'était pas encore vue, on brisait sans plus de raison une lance en faveur de cette dernière.

Il est une vérité presque incontestable, c'est que toute invention, de quelque nature qu'elle soit, est combattue par tous les partis, et ne peut faire valoir ses avantages qu'au bout de longues années, quand le calme s'est fait dans les passions. Dans ces conditions difficiles, l'on ne devra donc pas s'étonner que le remplacement de l'ancienne poudre à tirer par une préparation nouvelle et mieux appropriée, remplacement commandé dans les armes à feu par les progrès de l'époque moderne, tombe de nouveau presque complétement dans l'oubli. Toujours est-il néanmoins, qu'il faut en même temps considérer comme un prodige, que les canons rayés n'aient pas eu le même sort, et aient fait de si rapides progrès dans leur développement.

Le doute sur l'existence future et la viabilité d'une nouvelle préparation à tirer s'était tellement répandu dans ces derniers temps, que même l'observateur sans prévention la regardait comme impossible.

Comment pouvait-il en être autrement ?

De tous côtés on représentait avec passion et exagération les désavantages de la poudre-coton, sans avoir égard à ses grands avantages.

De plus, on ne considérait toujours que la poudre-coton essayée par les artilleries étrangères et encore très-imparfaite, mais nullement la préparation actuelle perfectionnée, et l'on s'acharnait à reporter sur la dernière toutes les imperfections de la première, tout en absolvant tacitement l'ancienne poudre à tirer de semblables défauts.

Tout cela, cependant, n'avait d'autre effet que d'égarer les diverses manières de voir et de juger de tous les partis. Croyant de bonne foi posséder dans la poudre à tirer une préparation qui répondait à toutes les exigences et même au progrès des temps modernes dans les armes à feu, on n'avait qu'une faible confiance dans une nouvelle substance, et la victoire de celle-ci sur la noire invention du moyen âge ne sera peut-être célébrée que dans un lointain avenir, si elle ne l'est pour la première fois par notre postérité.

Dans ces circonstances, le présent travail, qui a pour but d'exposer aussi complétement que possible les défauts de la poudre à tirer, ne sera pas tout à fait mal venu, surtout dans les cercles où l'on s'occupe de l'amélioration probable d'un moyen de projection déjà connu ou de la découverte de nouvelles préparations à tirer.

Vienne, 1863.

LES AUTEURS.

INTRODUCTION.

La *Poudre à tirer* qui, suivant certaines données, avait
été déjà inventée avant la naissance du Christ par les
Chinois et plus tard par les Arabes, paraît avoir été in-
troduite ou découverte par plusieurs personnes en même
temps dans les différents pays de l'Europe. En effet, à
l'époque où elle fut connue en Allemagne, on employait
déjà le canon et la poudre dans plusieurs autres contrées
de notre continent.

L'Allemagne doit, dit-on, l'invention de la poudre à
tirer au moine franciscain Berchthold Schwartz, selon
d'autres au moine Constantin Anglitz du Holstein, qui
découvrit par un hasard remarquable la force qui réside
en elle.

D'après la tradition, un moine franciscain allemand,
Sévérinus Berchthold Schwartz, qui vivait au milieu du
XIVᵉ siècle sous le règne de l'empereur Charles IV, s'occupait avec passion, à Fribourg en Brisgau, de l'alchimie
ou de l'art de faire de l'or.

Pour faire de l'or, il avait mis, un jour, dans un mortier un mélange de salpêtre, de soufre et de charbon, et
il cherchait à combiner ensemble ces diverses substances
en les pilant et les broyant.

Pendant cette manipulation, le mélange s'enflamma
subitement avec une violente explosion, et le pilon, ar-
raché des mains du moine renversé par l'épouvante, fut
lancé en l'air à une grande distance.

Revenu de son étourdissement, l'alchimiste, habile d'ailleurs, reconnut aussitôt qu'un mélange qui s'enflammait de la sorte était capable de projeter au loin les corps les plus lourds.

Utilisa-t-il aussitôt son invention? On ne saurait le dire avec certitude. Il y a d'autant plus de raisons d'en douter, qu'il n'était pas prudent, à cette époque, de mettre au jour de semblables inventions, qui pouvaient faire accuser de sorcellerie leur auteur et l'exposer à terminer sa vie dans une prison ou même sur un bûcher.

Selon d'autres documents, Berchthold Schwartz aurait été réellement décapité en l'an 1388 sur l'ordre du roi Vinceslas de Bohême, à cause des inconvénients de sa découverte.

Le nom du moine franciscain se perdit, il est vrai, peu à peu; mais le résultat de sa découverte semble avoir été examiné de plus près par un grand nombre de curieux; car, bientôt après, le mélange ci-dessus mentionné, auquel on donna le nom de « *Poudre à tirer*, » fut employé pour lancer des projectiles avec la grosse artillerie.

La fabrication de la poudre à tirer était encore à cette époque un secret, et la plupart des recettes, à nous connues, employées alors pour la préparation de la poudre, contiennent, outre les trois substances nommées, divers autres ingrédients que l'on y ajoutait au milieu de toutes sortes d'incantations solennelles.

C'est ainsi que l'on mélangeait la poudre avec les plus étranges substances, on la colorait au moyen de fleurs variées, de bois de tilleul et d'ammoniaque.

La poudre de qualité inférieure était arrosée au moyen d'eau, de vinaigre ou de vin, celle de qualité supérieure, avec de l'eau de fleur d'oranger ou un mélange d'esprit de vin, de vinaigre, d'acide nitrique, d'eau et de camphre broyé avec de l'huile d'amandes.

L'explosion qui amena la découverte de la poudre à tirer révélait en même temps un certain danger inhérent à sa fabrication, et déjà, en l'an 1370, un moulin à poudre sautait à Lubeck, explosion à la suite de laquelle l'hôtel de ville fut détruit par les flammes.

Il serait difficile, à cause des dates défectueuses et de la rareté des documents, de dire tous les malheurs arrivés à cette époque dans les essais et dans la fabrication de la poudre. Cependant, comme les traditions du xvie siècle rapportent de nombreuses explosions à la suite desquelles on ordonna d'établir tous les moulins à poudre en dehors des villes, on peut raisonnablement admettre, qu'à cette époque où l'on était encore peu familier avec les propriétés du nouveau produit, les malheurs causés par ses explosions ne furent pas sans importance.

Nous voyons par les documents ultérieurs du xviie et du xviiie siècle que les explosions continuèrent dans les moulins à poudre; et Cossigny, ayant reconnu que ces explosions étaient occasionnées par l'inflammation spontanée du charbon, introduisit, en 1787, la trituration à part de cette substance.

Depuis cette époque jusqu'à nos jours, le monde s'est habitué peu à peu à voir sauter les moulins à poudre; familier avec le danger, et sachant bien qu'il faut l'accepter par-dessus le marché, on ne s'étonne plus de semblables accidents.

Nous irions trop loin ici en voulant suivre pas à pas le développement et les perfectionnements successifs de la poudre à tirer ; contentons-nous de faire observer que les accidents produits par le chargement et l'éclatement des bouches à feu étaient jadis très-fréquents.

Il y eut un progrès important dans la fabrication de la poudre, ce fut lorsqu'on la produisit sous forme de grains, ce qui augmenta sa force d'action tout en diminuant ses dangers. Dans les bouches à feu, on diminua aussi le danger en supprimant le chargement à la lanterne et en introduisant l'usage des gargousses.

Aucune invention ne fut accompagnée de résultats semblables à ceux de la poudre à tirer.

Ils devaient être des esprits doués de génie, ceux qui ont apprécié et mis à profit les avantages de la poudre comme moyen de projection dans les armes à feu, sans tenir compte de ses dangers.

La poudre à tirer fut incontestablement la force qui bannit l'esprit ténébreux de cette époque, et répandit, en déchirant le voile, la lumière et la vérité dans tous les domaines du savoir humain.

Les châteaux des chevaliers félons tombèrent par l'effet destructeur de l'artillerie qui dut à la poudre sa force dévastatrice.

Des temps plus heureux commencèrent pour les peuples.

Les lourdes et colossales armures des héros du moyen-âge n'opposèrent plus aucune résistance aux projectiles lancés par la poudre. Ces armures durent être reléguées dans les collections d'armes et les musées, et forment maintenant ces lourds échantillons qui montrent à notre époque que, non-seulement l'esprit, mais aussi le corps, était enchaîné par des anneaux de fer au temps où elles étaient en usage.

Avec l'usage de la poudre et des armes à feu, les sciences devinrent plus florissantes.

De nouvelles inventions et découvertes pénétrèrent comme un rayon lumineux dans l'antique nuit si obscure du savoir humain.

La sombre superstition, qui faisait croire aux esprits revêtant la forme de squelettes décharnés, tendit à disparaître de plus en plus, et, avec elle aussi, les sorciers, leurs partisans et les bûchers.

L'élan le plus considérable fut imprimé à l'art de la guerre par l'emploi de la poudre à tirer.

Les chevaliers et les mercenaires disparurent et furent remplacés par les armées permanentes qui déterminèrent dans les États d'alors les plus grands bouleversements.

Une nouvelle ère se développa, et les empires se fondèrent solidement en s'appuyant sur une force militaire plus régulière.

Tous les progrès des temps modernes se rattachent étroitement au perfectionnement des armes à feu.

Si, dans le principe, elles étaient lourdes et difficiles à manier, elles furent, dans la suite, perfectionnées de plus en plus par des hommes de génie et par de grands généraux.

L'artillerie devint une arme redoutée.

Avec ses progrès disparurent aussi les monstrueuses bouches à feu et la formule solennelle prescrite quand on les chargeait ou qu'on les employait.

Au début, l'artillerie était encore une arme de corporation.

L'amélioration des armes à feu et de la poudre, ainsi que l'emploi convenable de celle-ci, firent disparaître cet état de corporation ; et l'Artillerie, qui s'occupe également de la fabrication des armes et de l'usage approprié de la poudre, se trouve être déjà dans la dernière période une arme principale des armées.

C'est avec raison que son chiffre s'accroît de plus en plus relativement aux autres armes.

Le dernier perfectionnement dans les armes à feu, les canons rayés, pourrait amener encore un grand changement dans les rapports numériques des diverses parties d'une armée les unes avec les autres.

C'est tout au plus si les places fortes actuelles sont en état d'offrir quelque résistance à l'effet destructeur de l'artillerie, et si l'esprit humain ne découvre pas un nouveau moyen pour les mettre plus à même de résister, elles pourraient bien disparaître comme les châteaux des félons et les forteresses du moyen âge.

Déjà la marine a subi dans ses vaisseaux une grande transformation.

Est-ce à son avantage ? C'est ce que personne, dès aujourd'hui, ne pourrait décider.

Les canons rayés seront, sans aucun doute, un levier puissant du progrès à venir.

L'artillerie célèbre avec cette invention un de ses triomphes les plus brillants, mais il lui reste encore beaucoup à faire pour arriver à la perfection.

Un lourd cauchemar pèse encore sur le développement de ses progrès, c'est le secret rigoureux observé jusqu'ici dans toute nouvelle découverte.

Mainte bonne idée, maint projet qui, par un perfectionnement ultérieur, produiraient de grandes choses, tombent parce qu'ils ne sont pas rendus accessibles à l'intelligence du plus grand nombre. Outre les causes nombreuses qui, sans qu'on puisse les approfondir et les expliquer, sont souvent d'un grand poids sur la mise à profit de ces innovations, les prescriptions d'un secret rigoureux arrêtent, non-seulement le progrès, mais elles favorisent assez souvent encore un pas manifeste en arrière.

Quoi qu'il en soit, l'artillerie doit peu à peu se débarrasser de ces entraves qui empêchent son plus grand développement, et déjà se montrent de différents côtés des exemples qui font espérer que cette importante condition finira par être remplie.

Nous avons cherché à représenter en quelques mots les changements que l'emploi de la poudre à tirer a produits dans la société humaine, nous n'avons pas méconnu de quels résultats grandioses sa découverte a été accompagnée ; mais en même temps nous ne pouvons pas omettre de dire que cette préparation à tirer est sans doute arrivée aujourd'hui au plus haut degré de son perfectionnement.

C'est une chose admise dans le cours de ce monde, que le vieux, aussitôt qu'il est usé, doit se retirer devant quelque chose de nouveau et de meilleur.

C'est ainsi, par exemple, que le télégraphe optique a dû céder la place au télégraphe électro-magnétique.

La locomotive qui, dans des espaces de temps très-courts, traverse rapidement des pays tout entiers, a remplacé les anciennes voitures de poste et les diligences, dans lesquelles, selon les conditions d'alors, le voyageur d'autrefois était longuement cahoté jusqu'au but désiré.

L'artillerie devrait-elle se plaindre si l'esprit humain, n'étant plus aujourd'hui retenu dans les chaînes, avait réussi ou réussissait à remplacer, par une préparation à tirer plus parfaite, la noire invention de l'alchimiste du moyen âge, bien que celle-ci, d'après les idées généralement reçues, ait rempli jusqu'à présent toutes ses obligations ?

Assurément non.

On saluera avec joie une découverte et un perfectionnement semblables comme le résultat des efforts infatigables de la puissance créatrice de l'homme, dût cette invention briser complétement avec le passé et exiger dans son application de nouvelles théories et un savoir nouveau.

Nous ne sommes nullement les ennemis de la poudre

à tirer, et nous apprécions à leur juste valeur ses qualités et ses avantages.

Mais elle a ses défauts particuliers qui se voient clairement de notre temps et notamment depuis l'introduction des canons rayés ; et de même que le canon lisse a été remplacé de nos jours par le rayé, on peut aussi s'attendre à ce que l'ancienne poudre devra céder la place à une préparation plus parfaite.

Pour justifier cette manière de voir, nous allons, dans les pages suivantes, passer en revue les qualités et les défauts de la poudre à tirer, en appelant d'une manière spéciale l'attention sur les dangers qui lui sont inhérents, dangers dont on n'a pas tenu compte dans toutes les luttes que l'on a soutenues contre une nouvelle préparation à tirer.

Nous sommes convaincus que la chimie, par ses immenses progrès, sera en état de découvrir une préparation remplissant mieux que la poudre à tirer les conditions les plus difficiles.

Dans la poudre-coton perfectionnée, on reconnaît les principes d'une préparation à tirer qui, dès maintenant déjà, a tout ce qu'il faut pour concourir avec l'ancienne poudre, et il est incontestable qu'avec des perfectionnements successifs elle la remplacera, ne serait-ce qu'après des dizaines d'années.

LA

POUDRE A TIRER

ET SES DÉFAUTS.

LES ÉLÉMENTS DE LA POUDRE A TIRER.

La poudre à tirer est un mélange intime de *salpêtre*, de *soufre* et de *charbon* mis sous la forme de grains.

Quelques mots sur la nature et les propriétés de ces trois composants ne peuvent pas être ici superflus et compléteront avantageusement ce travail.

Le Salpêtre.

Le plus important élément de la poudre à tirer, le *salpêtre*, se rencontre souvent tout formé dans la nature. Il compte aussi parmi les principes de quelques plantes. Il effleurit à la surface du sol dans les pays chauds, et se trouve dans les amas de décombres et dans le sol des vieilles masures, des étables, etc.; on peut enfin favoriser sa production par des moyens artificiels.

C'est un sel composé *d'acide nitrique* et de *potasse*.

A l'état pur, le salpêtre a une couleur blanche, une saveur fraîche, piquante et âcre; sa forme est ou cristalline ou pulvérulente.

Il est inaltérable à l'air, mais il attire l'humidité de l'air, surtout lorsqu'il contient un peu de sel de cuisine, du natrum, du magnésium, etc.

Vers 350° c., le salpêtre fond; à une plus haute température, il se décompose en ses éléments : potassium, oxygène et azote.

Projeté sur des charbons ardents, le salpêtre se décompose en décrépitant : la plus grande partie de l'oxygène forme, avec le charbon, de l'acide carbonique, et la potasse non décomposée du salpêtre s'unit avec une partie de l'acide carbonique libre pour former du carbonate de potasse. Le mélange de gaz développé en présence de charbons enflammés contient donc de l'*acide carbonique* et de l'*azote*. Cette quantité de gaz peut, à cause de la grande force d'expansion qui accompagne son développement, être utilisée comme moyen de projection dans les armes à feu. Le résidu, savoir le carbonate de potasse fixe, ne peut apporter aucune force de projection ; il est inutile, et sera lancé au dehors aux dépens de la force de projection, ou bien l'on doit s'en débarrasser par un autre moyen.

Le salpêtre dégage donc par sa décomposition, outre de l'azote, de l'oxygène libre qui, en présence du charbon, se change en gaz acide carbonique. C'est là le rôle que le salpêtre joue dans la poudre à tirer, et c'est pour cela qu'il est un de ses éléments les plus importants.

Le Soufre.

Le soufre est un corps simple, et se trouve dans les terrains volcaniques sous la forme cristalline, mélangé mécaniquement avec diverses espèces de terres, ou bien à l'état de pyrites de différents métaux. Dans le premier cas, on l'extrait de ces mélanges par la fusion ; dans le second, par la calcination.

A la température ordinaire, le soufre est un corps fixe, rude au toucher et facilement friable ; il est de couleur jaune, sans saveur et d'une odeur faible qui se développe par le frottement et la chaleur. Son poids spécifique est de **2,00**. Il fond à 110° c. en un liquide très-clair et reprend, par le refroidissement, sa couleur jaune-citron.

Vers 160° c., il devient brun et visqueux, et près de 200° c. il est si compacte que l'on peut, sans qu'il s'écoule, retourner le vase dans lequel on l'a fondu.

En élevant encore la température, il devient de nouveau plus fluide, commence à bouillir vers 400° c., et se laisse distiller.

Le soufre se combine aisément avec les métaux. C'est sur cette propriété que se fonde son mélange dans la poudre à tirer. En brûlant du salpêtre et du charbon, l'on obtient, outre les gaz expansibles déjà nommés, du carbonate de potasse comme résidu. Cependant, comme il y a aussi du soufre au moment de la décrépitation du salpêtre, ce soufre se combine avec le potassium du salpêtre : l'oxygène de la potasse se trouve mis en liberté avec tout le gaz acide carbonique formé dans la détonation, et la force de projection de la poudre en est ainsi augmentée. Le soufre est, en outre, pour le mélange pulvérisé de salpêtre et de charbon, un liant favorable qui rend possible le grenage de la poudre et qui diminue considérablement sa réduction en poussier.

Le Charbon.

Dans la fabrication de la poudre on emploie seulement le charbon de bois tendre et exempt de résines, qui se laisse facilement concasser et enflammer, et qui ne donne après combustion qu'une cendre contenant seulement une faible quantité de sels et de terres.

Outre ces derniers résidus, leurs principaux éléments et le *carbone*, le charbon contient encore une quantité variable d'oxygène et d'hydrogène.

1

Plus loin on a poussé la carbonisation du bois, moins il reste dans le charbon d'oxygène et d'hydrogène.

D'après le degré de la carbonisation, on distingue les produits en *charbon roux* et en *charbon noir*. Le premier, par suite de la grande proportion d'hydrogène qu'il contient, fournit, dans la fabrication, des produits très-*brisants*.

Le charbon montre, dans sa cassure, la structure du bois dont il provient. Il est très-poreux, possède un grand pouvoir absorbant, de l'air et des corps gazeux ; il est très-hygroscopique et enlève aux liquides beaucoup de matières colorantes, etc.

Comme la quantité de l'humidité et des gaz absorbés est de beaucoup plus grande que le volume du charbon lui-même, les gaz doivent nécessairement s'y condenser et de la chaleur se développer. Le charbon étant un mauvais conducteur de la chaleur, l'échauffement d'une grande quantité de charbon peut être assez grand pour qu'une inflammation spontanée s'ensuive à 435° c. environ.

Ce phénomène peut aussi se présenter avec de petites quantités de charbon, quand, par le concassage et la trituration, la surface du charbon a été augmentée.

Cossigny étudia attentivement ce phénomène, et expliquait ainsi des explosions à l'île de France et à Essonne.

D'après le Dr Moriz Meyer, du charbon s'enflamma en l'année 1830 dans un moulin à triturer le charbon, dans les Pays-Bas; jamais il n'y avait eu de poudre en cet endroit, et l'on vit distinctement l'étincelle venir du charbon.

D'après d'anciens écrivains, deux morceaux de charbon fraîchement préparés, frottés l'un contre l'autre, peuvent aussi donner une étincelle.

Cossigny pense que le charbon humide même peut prendre feu quand on le pulvérise.

Les meilleures données s'accordent sur ce point, que le charbon fraîchement préparé et pulvérisé s'enflamme spontanément, aussitôt qu'on le laisse en grands tas.

D'après Bottée et Riffault, ce serait arrivé deux fois, en 1800, à Essonne dans l'atelier du triage, et, chaque fois dans une masse de 300 livres de charbon.

D'après Aubert, cela arriva d'autres fois à Essonne en 1802, au Bouchet en 1824, à Esquerdes en 1825, à Metz en 1828; de nombreuses relations signalent l'inflammation du charbon trituré dans un moulin allemand, ainsi qu'en Angleterre et aux Indes. En 1830, du charbon fraîchement préparé s'enflamma de lui-même dans une poudrerie néerlandaise; et, la même année, dans une fabrique de poudre allemande, un magasin fut incendié par l'inflammation spontanée d'un charbon fait déjà depuis huit jours et étendu sur une couche de quelques pouces d'épaisseur seulement.

Aubert prétend que moins de 20 livres de charbon fraîchement préparé suffisent pour une inflammation, si toutefois l'air peut entrer librement dans le dépôt.

Après de nombreux accidents causés en Angleterre par l'inflammation spontanée du charbon, Hadfield, en l'année 1831, fit des recherches à ce sujet et trouva qu'un charbon fait depuis dix ou douze jours, exposé à l'air et arrosé d'eau après une première inflammation, ne peut plus désormais s'enflammer.

Le pouvoir absorbant du charbon est diminué par son mélange avec le salpêtre et le soufre, assez notablement pour que, même dans des conditions favorables et avec du charbon fraîchement fait, c'est à peine si l'on a produit une inflammation.

LE DOSAGE DE LA POUDRE A TIRER.

La proportion des trois éléments de la poudre n'est pas la même dans tous les pays; elle diffère quelquefois dans un même pays.

La composition allemande, d'après Michel Miethen (1684), consistait en 75 parties de salpêtre, 9 parties de soufre et 16 parties de charbon. On trouve, dans des écrits anciens, le salpêtre, le soufre et le charbon mélangés dans les proportions 6: 1 : 1.

Si les trois éléments formaient une combinaison chimique, la proportion du mélange, pour la meilleure poudre, devrait être de 74,81 parties de salpêtre, 13,33 parties de charbon, et 11,86 parties de soufre.

Mais la poudre à tirer ne forme dans sa fabrication aucune combinaison chimique, et c'est un simple mélange mécanique.

La plus ou moins grande pureté des éléments de la poudre, la nature surtout du charbon mélangé, le plus ou moins d'intimité du mélange, etc., produisent évidemment de légères variations dans la proportion du dosage de chacune des substances.

Généralement on peut admettre encore aujourd'hui les proportions de salpêtre, de soufre et de charbon dans les rapports 6 : 1 : 1.

Les proportions du dosage de la poudre étaient, dans les premiers temps de son emploi, le plus souvent tenues secrètes. Nous devons cependant citer ici quelques données qui nous sont parvenues sur ce sujet.

On lit dans un manuscrit allemand de l'année 1445 : « La bonne poudre se compose ordinairement de 4 p. de salpêtre, 2 de soufre, 1 de charbon, mais elle devient encore meilleure quand la proportion de salpêtre augmente. »

En l'année 1540 la plus forte poudre contient 5 salpêtre, 1 soufre et 1/2 charbon.

1546. Tartaglia donne 23 recettes pour la préparation de la poudre. Le plus ancien mélange était, d'après lui, composé de parties égales des trois substances. Pour la grosse artillerie, le mélange habituel était de 50 salpêtre, 33,3 soufre, 16,7 charbon ; pour l'artillerie légère, les proportions étaient 66,7 : 20 : 13,3 ; pour les arquebuses 83,4 : 8,3 : 8,3.

1535. Léonhard Fronsperger indique de la poudre d'artifice, composée de 3 parties de salpêtre, 1 partie de soufre et 1/2 partie de charbon : à cause de son bas prix, elle n'est pas grenée.

1577. Le prince électeur de Saxe se sert d'une poudre formée de 35 parties de salpêtre, 14 parties de soufre et 18 parties de charbon.

La composition italienne est, pour la grosse artillerie, de 4 parties de salpêtre, 1 de soufre et 1 de charbon ; pour les arquebuses 6 : 1 : 1.

1598. Boillot déclare que le meilleur mélange est de 6 salpêtre, 1 soufre, 1 charbon.

1649. Simienowicz, dans son « *Ars magna artilleriæ,* » indique les dosages suivants des poudres usitées alors :

	Pour la grosse artillerie.		Pour les fusils.		Pour les pistolets.	
Salpêtre	66.8	70	72.5	73.5	78.7	85.6
Soufre	16.6	14	13.0	11.2	9.4	8.5
Charbon	16.6	16	14.5	13.3	11.9	5.9

1680. D'après Médrano, *El pratico artillero* (Bruxelles), la poudre se composait de :

	Pour la grosse artillerie.		Pour les fusils.		Pour les pistolets.	
Salpêtre.	66	2/3	71	3/7	75	25/37
Soufre.	13	1/3	14	2/7	13	19/38
Charbon.	20	1/3	14	2/7	10	30/37

et était divisée, d'après la grosseur des grains, en poudre à canon, poudre à fusil et poudre pour les magasins.

1684. D'après Miéthen, la meilleure poudre se compose de **32** salpêtre, **4 1/2** soufre, **6** charbon ; tous les fabricants de poudre importants suivent cette proportion.

La poudre pour les grenades est humectée avec du vinaigre où l'on a mis de l'ail : le vinaigre rend la poudre brisante, surtout lorsqu'il a bouilli au-dessus de certaines plantes.

1686. La proportion du mélange est en France de **76** salpêtre, **12** soufre et **12** charbon, et dans l'année 1696 il fut fixé, d'après les recherches faites à Essonne, à **75 : 12,5 : 12,5**.

1765. D'après Papacino d'Antoni, « *Examen de la poudre*, » la proportion du mélange est, pour la poudre à canon et à mousquet, **5 : 1 : 1**, pour la poudre de chasse ou de guerre **6 : 1 : 1**, et pour la poudre d'artifice **7 : 1 : 1**.

1770. En Suède, d'après les recherches du professeur Lehnberg, la proportion du mélange est portée à **75 : 9 : 16**.

1774. En Prusse, la composition est, pour la grosse poudre, **74,4** salpêtre, **12,3** soufre, **13** charbon, et pour la fine **80 : 10 : 10**.

1784. En Prusse, une poudre faite sans soufre, en 1782, est impropre au service après deux ans de conservation.

1794. De nouvelles expériences, faites à Essonne sur le meilleur dosage des poudres, montrent que les proportions de Guyton de Morveau, 76 salpêtre, 9 soufre, 15 charbon, et celles de Bâle (76 : 10 : 14) sont préférables à celles de Grenelle (76 : 12 : 12) et à celles du Ripault (77,5 : 7,5 : 18,0).

1796. Chaptal, dans sa *Chimie*, avance que l'on peut retrancher le soufre de la poudre sans en affaiblir la force.

1798. On fait, en Espagne, des expériences sur la poudre avec ou sans soufre ; la première serait préférable dans les grandes charges, la seconde dans les petites.

1808. Landmann indique le dosage des poudres anglaises, 75 salpêtre, 10 soufre, 15 charbon.

1811. La Martillière regarde le soufre comme superflu dans la poudre.

1813. Thomson dit, dans sa *Chimie*, que l'on a trouvé récemment que le mélange de 76 salpêtre, 12 soufre et 12 charbon est le plus avantageux pour la poudre.

1814. Meinecke dit, dans son livre de chimie technique, à l'occasion de la poudre :

« Le plus important élément est le salpêtre, qui fournit l'aliment à l'inflammation. Comme importance suit le charbon, d'où vient l'inflammation ; le soufre sert à entretenir l'explosion et en même temps à affermir les grains.

« Le mélange de 76 parties de salpêtre, 15 parties de charbon et 9 parties de soufre donne la poudre la plus forte. La poudre composée de 3/4 salpêtre, 1/8 charbon et 1/8 soufre, qui est employée le plus ordinairement, est moins forte, mais elle se conserve mieux. »

Il indique comme règle générale sur le dosage de la poudre :

« Le salpêtre doit entrer pour les 3/4 au moins.

« La proportion du charbon ne doit pas s'élever au delà du 1/8 : autrement la poudre est trop légère, se réduit facilement en poussier et attire l'humidité.

« La proportion du soufre peut, sans nuire notablement à la force de la poudre, être abaissée jusqu'à 3 0/0, mais cette poudre n'a aucune consistance. On peut bien travailler la poudre sans soufre, mais elle est trop fragile, et à cause de cela ne peut se transporter. La poudre contient-elle plus de 1/8 soufre, alors elle perd beaucoup de sa rapide inflammabilité et de sa force.

« La proportion des éléments se modifie avec les divers usages auxquels la poudre est destinée.

« La poudre de guerre, exposée à plus de détériorations par le transport et l'humidité, doit constamment renfermer plus de soufre qu'il n'est nécessaire pour sa fabrication. Il n'est plus du reste nécessaire, pour les diverses armes à feu, d'employer des compositions différentes, car bien qu'une poudre plus légère ait plus d'effet dans les armes petites et courtes (mousquets, pistolets), et une poudre dense dans les grosses armes (canons, etc.), une composition uniforme présente des avantages qui l'emportent là-dessus. La grosseur des grains distingue seule les espèces de poudres de guerre. D'ordinaire le gros grain appartient à la poudre à canon, le fin grain à la poudre à mousquet, le grain encore plus fin à la poudre à pistolet. Cependant on ne fait souvent plus cette distinction, parce que ses faibles avantages ne sont point compensés par la complication de la fabrication et d'autres inconvénients.

« Pour toutes les armes, on emploie la même poudre, savoir : une poudre bonne et en même temps durable.

« Pour la poudre de chasse, on adopte au contraire un autre dosage qui correspond à la poudre la plus forte et la plus inflammable ; c'est que la poudre de chasse est exposée à moins de détériorations et peut, par conséquent, par une moindre proportion de soufre, contenir plus de charbon.

« Le dosage de la poudre destinée aux mines ou aux ouvrages de montagne varie de toutes sortes de manières. Ici l'on prend beaucoup de soufre et moins de salpêtre. Par ce moyen, la poudre devient moins chère et conserve assez de force pour produire son effet, d'autant plus qu'enfermée plus solidement, elle peut se décomposer plus lentement. Une poudre de mine brûlant trop rapidement agirait souvent d'une manière trop destructrice. »

Ces principes posés par Meinecke, pour le dosage de la poudre à tirer, sont aujourd'hui encore suivis dans toute leur étendue.

Les dosages usités aujourd'hui dans les différents États sont contenus dans le tableau suivant :

ESPÈCES DE POUDRES.	100 LIVRES DE POUDRE contiennent :		
	SALPÊTRE.	SOUFRE.	CHARBON.
	Livres.		
Autrichiennes — Poudre de cible	75.94	9.43	14.62
Poudre à fusils	76.24	9.71	14.08
Poudre ordinaire à mousquet et à canon	75 »	12 »	13 »
Poudre de mine	62.14	18.44	19.42
	60.19	18.45	21.36
Françaises — Poudre de guerre	75 »	12.50	12.50
Poudre de chasse	78 »	10 »	12 »
Poudre de mine	62 »	20 »	18 »
Poudre pour le commerce	62 »	20 »	18 »

ESPÈCES DE POUDRES.		100 LIVRES DE POUDRE contiennent :		
		SALPÊTRE.	SOUFRE.	CHARBON
			Livres.	
Anglaises	Poudres de guerre	75 »	10 »	15 »
	Poudre de Dartford	75 »	8 »	17 »
	Poudre de Cambridge	76 »	9.5	14.5
	Poudre de Hunslow	78 »	8 »	14 »
	Poudre à mousquet	76.5	9 »	14.5
	Poudre de chasse	79.7	7.8	12.5
Russes	Poudre à canon	71 »	11.5	17.5
		75 »	10 »	15 »
	Poudre à fusil	80 »	8.7	11.3
	Poudre de chasse	80 »	8 »	12 »
Prussiennes (poudres de guerre)	ancien dosage	75 »	11.5	13.5
	nouveau dosage	75 »	10 »	15 »
Poudre suédoise		75 »	9 »	16 »
Poudre bavaroise		75 »	12 5	12.5
Poudre hanovrienne		71.2	10.8	18 »
Saxonnes	Poudre à canon	75.5	8.2	16.3
	Poudre à fusil	76.5	10.5	13 »
Poudre de Berne	Poudre à canon	76 »	10 »	14 »
	Poudre à fusil	76 »	10 »	14 »
	Poudre de chasse	76 »	10 »	14 »
Poudre hollandaise		70 »	14 »	16 »
Poudre espagnole		76 5	18 8	12.7
Poudre polonaise		80 »	8 »	12 »
Vurtembergeoise	Poudre à canon	75 »	12 »	13 »
	Poudre à fusil	74 5	10.7	14.8
Poudre américaine		75 »	12.5	12.5
Poudre chinoise		61.5	15.5	23 »
		75.7	9.9	14.4
Poudre italienne		76 »	12 »	12 »

LE DANGER DE LA FABRICATION DE LA POUDRE
A TIRER.

Pour faire une bonne poudre, il est indispensable que les éléments soient mélangés aussi complétement et aussi intimement que possible.

Avant le mélange, ces mêmes éléments doivent être amenés à un certain degré de division.

Le salpêtre et le soufre se présentent souvent d'eux-mêmes à l'état pulvérulent, et alors le charbon qui doit entrer en composition avec eux est réduit en poudre dans les moulins à pilons ou à meules, ou bien dans des tonnes, etc., puis mélangé suivant la proportion du dosage.

La compression du mélange a lieu ou bien au moyen de moulins à pilons ou à meules, ou bien sous des presses ordinaires, hydrauliques ou à cylindres; dans cette opération et selon le besoin, on arrose préalablement un peu la matière.

La galette est ordinairement réduite en grains de diverses grosseurs au moyen de cribles ou de machines à grener qui souvent opèrent la séparation des grains.

Pour que la poudre soit moins susceptible de prendre de l'humidité, de se réduire en poussier, etc., etc., elle est ensuite lissée dans des barils ou dans des tonnes.

Après le lissage, les grains sont assortis suivant leur grosseur au moyen de tamis appropriés, et puis entièrement séchés. Cette dernière opération se fait soit à l'air libre, soit dans des séchoirs particuliers que l'on chauffe artificiellement.

Nous omettons ici de parler avec détails de la fabrication de la poudre, parce que nous outre-passerions les bornes posées à cet écrit. Supposant plutôt comme connues la marche et les diverses manipulations de la fabrication de la poudre, nous passons aussitôt à la description des dangers inévitables de cette fabrication et aux mesures de précaution qu'il est nécessaire de suivre strictement, précautions qui, si elles ne préviennent pas toujours les explosions, du moins en atténuent les effets destructeurs.

La *trituration* des éléments séparés est à peu près sans danger; il n'en est pas ainsi de leur mélange.

Dans le *mélange* et la *compression* de la composition de poudre, il arrive très-souvent des accidents qui, vraisemblablement, proviennent de ce qu'il se trouve dans la masse des corps étrangers (des grains de sable ou de petites pierres), lesquels, broyés ou pilés par les organes de trituration, produisent avec eux des étincelles et mettent le feu à la masse.

Dans son traité sur l'artillerie technique, le Dr M. Meyer dit que les moulins à pilons amènent très-fréquemment des explosions, et que les tonnes et les meules que l'on emploie pour la trituration et le mélange ne font malheureusement pas mieux.

D'après les données de Chaptal, sur 18 moulins à pilons français, il en saute en moyenne trois par an.

Pour diminuer les effets des explosions, on place les machines dans des baraques dont les murs ne doivent offrir que peu de résistance. Ces derniers bâtiments sont ordinairement construits avec des poteaux en bois reposant sur un mur inférieur; ces poteaux sont, à l'extérieur, recouverts de planches, en sorte que, lors d'une explosion, les parties les plus légères du bâtiment sont séparées et projetées en l'air et produisent des effets moins destructeurs aux environs.

A cause des explosions qui peuvent survenir, on place constamment les poudreries loin des lieux habités.

Les bâtiments isolés sont placés à une distance telle que l'explosion de l'un d'eux ne puisse se communiquer au suivant.

Souvent, entre les baraques isolées, il y a des plantations, plus rarement des merlons destinés à affaiblir les effets destructeurs des explosions.

Dans les moulins à meules anglais, le mécanisme, très-cher, est placé sous la machine et séparé d'elle par une forte voûte qui le préserve lorsque le bâtiment saute. La couverture est aussi munie de soupapes qui s'ouvrent dans le cas d'une explosion et doivent ainsi en diminuer les effets. Pour la même raison, les portes sont disposées de manière à s'ouvrir de dedans en dehors.

Dans le moulin de Cambridge se trouve, au-dessus de la couverture, un vase plein d'eau dont le fond est fermé avec un tampon. Dans le cas d'une explosion, le vase doit s'ouvrir par un mécanisme de levier, quand les gaz de la poudre exercent leur pression sur les parois intérieures d'une cloche en tôle fixée à l'autre extrémité du levier ; le sol du moulin voisin est alors inondé, et l'on évite de cette façon l'explosion plus grave des deux moulins accouplés.

Pendant le travail de la composition de poudre, aucun ouvrier ne doit entrer dans le local, et, dans ce but, il faut avant tout que son poste soit éloigné de la machine afin de ne pas exposer d'une manière légère la vie d'un homme.

Dans les moulins anglais l'ouvrier peut observer la marche du mélange à travers un verre très-fort, lequel est placé comme une fenêtre dans un mur très-épais, qui, dans le cas d'une explosion, doit préserver l'ouvrier.

Afin même de ne pas occasionner, dans les moulins en repos, l'inflammation de la poussière de poudre qui se loge dans les joints, et par suite l'explosion de l'usine, les différents bâtiments s'ouvrent toujours avec une clef de cuivre.

Ce n'est qu'avec des chaussures en feutre que l'on peut pénétrer dans les usines, qui ne doivent pas renfermer des grains de sable, dont le frottement pourrait donner lieu à du feu et à une explosion.

Meinecke dit : « Que dans le moulin, toute occasion de danger doit être évitée par la plus sévère police entre les ouvriers ; les malheurs viennent sans cela le rappeler trop souvent. Le poussier se répand dans tout le bâtiment, et si l'on y marche imprudemment avec des chaussures emportant avec elles des corps pierreux, ou bien si, dans la réparation du moulin, on donne un coup de marteau qui amène une étincelle, une inflammation instantanée se propage facilement. Alors, si la couverture est légèrement construite, elle saute en l'air sans une grande dévastation. Le plus souvent l'explosion provient des mortiers et, il est vrai, au commencement de la mise en train, quand une petite pierre peut se trouver dans la masse. Dans quelques usines on rencontre une disposition facile au moyen de laquelle le moulin peut être mis en mouvement de loin après que les ouvriers l'ont abandonné. »

Dans la réparation d'un moulin à poudre dans le voisinage de Vienne-Neustadt, où le plancher devait être en partie refait, il arriva que le poussier qui y était accumulé s'enflamma et qu'il en résulta une explosion. Le bâtiment brûla entièrement, et les ouvriers furent blessés mortellement.

La *compression de la composition* en galette et le grenage de cette galette est bien moins dangereux que le mélange des trois éléments ; ces travaux ne sont cependant pas *sans danger*.

Ainsi la fabrique de poudre de Grenelle, où l'on se servait du procédé appelé révolutionnaire, dans lequel la composition était pressée puis réduite en grains au moyen de cylindres, sauta en l'air en 1794. Au moment de l'accident, 1800 hommes y étaient occupés au travail de la poudre.

La *trituration de la composition*, surtout par les meules, est toujours très-dangereuse. C'est ce que montrent les nombreuses explosions survenues jusqu'ici.

En Angleterre, où les explosions ne sont pas rares pendant ce travail, et où elles arrivent même souvent, les meules au moyen desquelles s'effectue la compression de la matière n'ont été projetées qu'une seule fois à la poudrerie de Tunbridge. A Ewell, où quatre tournants sautèrent à la fois, les meules ne furent pas déplacées.

Dans les moulins à meules, il est nécessaire que l'ouvrier surveille fréquemment l'opération. C'est dans ce but qu'en Angleterre on cherche à le garantir comme il a été dit plus haut.

En Russie, au lieu des grattoirs en bronze et des brosses qui, dans d'autres pays, ramènent sous les meules la matière laissée de côté, cette manipulation est faite par des ouvriers que les machines promènent en même temps que les meules. Pour mettre ces ouvriers à l'abri de quelque explosion, ils sont entièrement couverts d'un cuir épais et portent sur la tête une cape portant des verres épais devant les yeux. L'un est muni d'un couteau en bois, l'autre d'un balai.

2

Comme de nombreux accidents arrivaient dans la compression de la composition en galette, on a adopté à Waltham Abbey et au Bouchet les presses hydrauliques qui doivent être moins dangereuses.

Le *grenage* dans des cribles dans lesquels on met une petite quantité de galette concassée, est moins dangereux que le grenage entre les cylindres (grenoir anglais), quand on suit rigoureusement toutes les mesures de précaution au moyen desquelles on peut éviter une inflammation dans une grande quantité de poussier.

L'explosion d'une machine à grener, au Bouchet, en 1825, fournit la preuve que le grenage, même dans des cribles, est toujours accompagné d'un certain danger.

Le *lissage* de la poudre présente aussi des dangers, parce qu'il s'y forme une grande quantité de poussier, qui, s'attachant en partie aux parois de la tonne sous la forme d'une croûte solide, a déjà maintes fois occasionné une inflammation et des accidents.

Le *séchage* de la poudre à l'air est en lui-même une manipulation bien peu dangereuse, si une autre cause ne vient pas pendant cette opération déterminer un accident.

Au contraire, si ce travail a lieu dans des lieux chauffés, il y a là un danger plus ou moins grand selon la source de chaleur employée.

L'échauffement du local se fait au moyen d'un fourneau chauffé du dehors, ou bien on conduit l'air chaud par des tuyaux dans la chambre à sécher ; ce procédé est d'autant plus dangereux que le fourneau et les tuyaux peuvent être plus facilement surchauffés et les dernières étincelles entraînées, ce qui pourrait enflammer la poudre et occasionner le saut du séchoir.

La *séparation des grains de poudre*, à cause des grandes quantités de poussier qui se forment dans l'opération et vont recouvrir toutes les parties du bâtiment, doit être rangée parmi les opérations dangereuses.

L'exactitude avec laquelle on peut citer les accidents survenus dans les manipulations dont nous avons parlé en dernier lieu, est d'autant plus faible que la plupart des explosions de *moulins à poudre* dont on parle comprennent aussi le saut d'ateliers dans lesquels ces manipulations s'effectuent.

Ainsi, comme il résulte de l'expérience du passé que les explosions, dans les usines dans lesquelles se travaille la poudre, ont lieu souvent et sont regardées en général comme inévitables, quelques gouvernements accordent des prix d'argent pour chaque chef de poudrerie dont les moulins ne sautent pas dans l'espace d'une année.

Les plus zélés et les plus prudents des chefs de poudrerie n'obtiennent pas souvent ce prix, et, à cette occasion, l'on doit regarder comme une chose remarquable dans l'histoire de la poudre, qu'en France, une ordonnance de 1829 rendit les Directeurs des poudreries responsables des explosions.

Il résulte de tout ce qui vient d'être dit, que l'on ne peut méconnaître *le danger extraordinairement grand de la fabrication de la poudre*, et il n'y a certainement pas besoin d'autre commentaire.

Outre les explosions et les accidents que l'on a déjà mentionnés rapidement, on doit encore en citer quelques-uns des plus connus, dont l'histoire a gardé le souvenir.

En l'année 1360, un moulin à poudre saute à Lubeck par suite de l'imprudence de ceux « *qui pulveres pro bombardis parabant.* »

1745. Le moulin à poudre d'Essonne saute par suite d'une cause inconnue, en dévastant terriblement les environs.

1746-1756. A l'île de France, les moulins à pilons

sautent à différentes reprises. On installe alors à leur place des meules en bois.

1774. Les moulins à meules établis à l'île de France en 1756, font explosion. Il y avait dans le voisinage 250,000 livres de poudre, de sorte qu'il en résulte des dégâts extraordinairement grands.

1794. Les moulins à poudre de Grenelle sautent en l'air par suite d'une imprudence; 1,800 hommes y étaient occupés.

1800. La poudrerie d'Essonne et plusieurs moulins à pilons sautent.

1802. Le séchoir d'une fabrique de poudre, située près de Berlin, saute en l'air.

1821. Dans une fabrique de poudre danoise, une tonne à mélanger s'enflamme par le choc des gobilles en bronze.

1823. Un atelier à grener saute à Saint-Chamas.

1824. En Danemark, une tonne, dans laquelle le soufre était trituré au moyen de gobilles en bronze, prend feu.

1825. Au Bouchet, un grenoir fait explosion, ce qui conduit Aubert à faire ses recherches sur l'inflammation de la poudre. D'après lui, elle s'enflamme *par le choc de fer contre fer, de laiton contre fer, de bronze contre fer, de fer contre cuivre, de fer contre marbre, de fer contre plomb, quand ce dernier est frappé, et il en est de même pour le bois,* etc.

1827. Un moulin à poudre saute à Dartford; cette explosion est occasionnée par du sable que le vent y avait apporté.

1835. Une partie de la fabrique de poudre d'Es-querdes saute en l'air.

1862. Une poudrerie saute près de Munich.

1862. A la poudrerie de Fossano, en Italie, l'atelier des presses saute deux fois dans un court espace de temps. Par suite, les autres parties de la fabrique sautent en l'air, et quinze hommes y perdent la vie.

A cause des dates incertaines, il n'était pas possible de mentionner quelques-unes des nombreuses explosions de notre siècle, surtout dans la période 1835-62 ; mais les accidents précédemment cités doivent suffisamment montrer *tout le danger de la fabrication de la poudre.*

Afin de pouvoir plus tard parler plus facilement des défauts et des dangers de la poudre à tirer dans son transport, son emmagasinage et son emploi, nous allons d'abord discuter les propriétés principales de la poudre, c'est-à-dire ses effets et sa force.

LES PROPRIÉTÉS DE LA POUDRE A TIRER.

La propriété principale de la poudre, sur laquelle est basé son emploi comme moyen de projection dans les armes à feu, repose sur ce que, mise en contact d'un corps enflammé, elle s'enflamme, brûle très-rapidement et donne lieu alors à une grande quantité de gaz doués d'une grande force d'expansion.

D'après la théorie, le charbon, dans la combustion de la poudre, s'empare de l'oxygène du salpêtre, et forme avec lui, selon la quantité du charbon mélangé au salpêtre, ou de l'*acide carbonique* ou du gaz *oxyde de carbone*, pendant que l'élément radical de la base, le potassium, se combine avec le soufre, et forme du *sulfure de potassium* dont partie s'en va en fumée, partie reste comme un *produit fixe*.

L'*azote* devenu libre dans la décomposition de la poudre et l'*acide carbonique* ou bien l'*oxyde de carbone* qui se produit alors, forment la quantité de gaz efficace qui se dégage de la poudre.

100 parties en poids d'une poudre exactement composée, au point de vue chimique, devraient contenir :

1 équivalent — 74.8 salpêtre,
1 — = 11.9 soufre,
3 — = 13.3 carbone,

au lieu duquel on considère ordinairement la quantité du charbon mélangé à la poudre.

Le *salpêtre* est composé de :

1 équivalent potassium,
6 oxygène,
1 azote,

en sorte que les deux derniers corps (connus seulement à l'état gazeux quand ils sont isolés) se trouvent dans le salpêtre à un très-haut degré de condensation.

Si la décomposition de la poudre était complète, 6 équivalents d'*oxygène* se combineraient avec 3 équivalents de *carbone* en formant 3 équivalents de gaz *acide carbonique*, auxquels s'ajoute 1 équivalent d'*azote* qui reprend aussi la forme gazeuse en se séparant du salpêtre. Le *soufre* et le *potassium* se combinent enfin en 1 équivalent de *sulfure de potassium* qui forme le résidu solide de la poudre.

D'après ces données, on obtiendrait sur 100 livres de poudre (= 1.8 pied cube) :

10.4 livres = 145.2 pieds cubes de gaz *azote*,

48.9 — = 437,6 pieds cubes de gaz *acide carbonique*,

et **40.7** livres *sulfure de potassium*.

L'examen des produits qui sont fournis, en réalité, par l'explosion de la poudre montre cependant que la décomposition n'a pas lieu aussi entièrement qu'on le dirait en s'appuyant sur la théorie, car dans les résidus on trouve toujours, outre le *sulfure de potassium*, du *charbon non brûlé*, quelque peu de *carbonates*, de *sulfates*, de *sulfites* et de *potasse nitrique*, comme aussi du *carbonate d'ammoniaque;* on rencontre aussi dans les gaz produits outre l'*azote*, l'*acide carbonique* et l'*oxyde de carbone* qui renferme moins d'oxygène que l'acide carbonique, de l'*acide sulfhydrique* qui s'annonce par son odeur connue, plus souvent de l'*hydrogène* et de l'*oxygène*, enfin quelques traces d'*oxyde d'azote*.

L'hydrogène et l'acide sulfhydrique viennent en partie de l'hydrogène du charbon de bois, en partie de l'eau, dont la poudre même très-sèche n'est pas exempte;

cette eau, par une grande chaleur et en présence du soufre, se décompose très-facilement en ses éléments.

D'après les excellentes recherches faites tout récemment à Heidelberg, par MM. Bunsen et Schischkoff, la quantité de gaz fournie par la poudre est bien plus faible que d'après la théorie énoncée plus haut.

Une poudre qui se composait de :

  78.99 salpêtre,
   9.84 soufre,
  11.17 charbon,

(ce dernier contenant 7.69 carbone, 0.41 hydrogène et 3.07 oxygène) fournit par sa combustion dans des capacités fermées :

  68.06 pour 100 de *résidu solide* et seulement
  31.38   —   de *produits gazeux*,

qui sur 100 livres de poudre donnent 342.3 pieds cubes de gaz.

L'analyse des produits de la décomposition montra les résultats suivants :

A. Produits solides.

Sulfate de potasse.	62.10
Carbonate de potasse.	48.58
Sulfite de potasse.	4.80
Sulfure de potassium	3.13
Sulfocyanure de potassium	0.45
Nitrate de potasse.	5.47
Charbon.	1.07
Soufre.	0.20
Carbonate d'ammoniaque $(2 A \div H^4 O, 3 C O^2)$..	4.20
	180 »

B. Produits gazeux.

Acide carbonique. 52.67
Azote.. . . . . 41.12
Oxyde de carbone. 3.88
Hydrogène. 1.21
Acide sulfhydrique 0.60
Oxygène. 0.52
Oxyde d'azote. Traces.

                                                  100 »

Aussi longtemps que la poudre garde la température moyenne de l'air, les trois éléments de la poudre à tirer, malgré leur grande affinité les uns pour les autres et leur intime mélange, n'agissent pas ordinairement les uns sur les autres.

Toute cause, au contraire, qui échauffe rapidement de 250° c. à 320° c. la plus petite partie d'une masse de poudre, produit instantanément la décomposition de toute la masse, et en même temps il y a flamme et production de gaz.

En élevant peu à peu la température de la poudre, le soufre commence à volatiliser. Vers 111° c. il devient mou et les grains de poudre se collent ensemble. Vers 150° c. le soufre s'enflamme souvent à l'air, occasionne l'inflammation du charbon, et par là l'explosion de la poudre.

Si l'on prend la précaution de ne pas pousser l'échauffement de la poudre jusqu'à l'inflammation du soufre, on peut successivement enlever entièrement ce dernier élément sans produire de détonation. Si l'on continue à élever la température jusqu'à 300° c., alors le salpêtre fond et se sépare ainsi du charbon qui surnage.

Les plus sûrs moyens d'enflammer la poudre à tirer sont les corps enflammés, tels que les charbons ardents, ou l'étincelle du briquet, ou bien encore des flammes d'une température assez élevée que l'on dirige sur la poudre.

Sur l'inflammation de la poudre à tirer par un coup, un choc ou un frottement prolongé, nous avons les travaux d'Aubert, de Lingke et de Lampadius. D'après ceux-ci, la poudre s'enflamme par un coup de fer sur fer, de fer sur laiton, de laiton sur laiton, pas aussi facilement par cuivre sur cuivre (et aussi d'après des expériences anglaises de bronze sur cuivre), de fer sur marbre, de quartz sur quartz, de plomb sur plomb, etc...

Les expériences ont aussi montré qu'un boulet de plomb tiré à travers un coffre à munitions, élève assez la température pour amener souvent l'explosion des munitions qui y sont enfermées.

En l'an 1790, à Mayence, un boulet prussien de **24** livres atteignit un canon français qui était chargé, et qui par suite se déchargea de lui-même.

La même chose arriva en 1807, à Dantzig, où un boulet français de 12 livres atteignit un canon prussien qui était chargé.

Dans les expériences au pendule faites à Woolwich, en 1818, on remarqua que dans le choc du boulet sur le pendule, il y avait eu une étincelle. On mit de la poudre près de l'endroit où le choc se faisait, une étincelle eut lieu et puis la poudre s'enflamma.

La propriété de la poudre de pouvoir s'enflammer par coup, choc ou frottement, parait cependant avoir déjà été connue depuis longtemps.

En 1678, Miethen jetait dans Prague des grenades qui, dans leur chute, s'enflammaient par le frottement d'une cartouche de fer chargée ; et Naudé parle aussi dans ses « *Syntagma de studio militari* » d'une poudre particulière destinée à des bombes qui devait avoir les mêmes propriétés que les grenades de Miethen.

Il n'est pas superflu de mentionner ici la nouvelle découverte de Whitworth, qui, on le sait, lance des bombes dépourvues de fusées, qui font également explosion au moment du choc par l'inflammation spontanée de la charge de poudre. Afin que l'explosion n'arrive qu'après la pénétration de la bombe, il enroule autour de la charge de poudre explosible un nombre considérable de bandes de flanelle, etc.

Un autre moyen d'inflammation de la poudre, c'est *l'électricité*.

Le grand nombre d'explosions épouvantables qui ont été occasionnées par la foudre, même depuis l'invention du paratonnerre, en fournissent ici la preuve, et l'on doit citer parmi les plus grands accidents les suivants, qui sont les plus connus :

La foudre frappa et fit sauter :

1521. La poudrière de Milan avec **250,000** livres de poudre.

1566. La poudrière de Frauenwerder, près Breslau.

1648. La poudrière de Savone; **200** maisons furent détruites.

1749. La poudrière de Breslau, où **65** hommes furent tués et **391** blessés.

1769. La poudrière de Brescia avec **160,000** livres de poudre; **190** maisons furent détruites, **500** endommagées, **308** hommes furent tués, **500** blessés.

1783. Le magasin à poudre de Malaga.

1785. Le magasin à poudre de Tanger.

1807. La poudrière de Luxembourg.

1810. La poudrière de Livourne, etc.

D'après des expériences en petit, la poudre se laisse enflammer par une étincelle électrique dans le cas seulement où l'on diminue la rapidité de la décharge, en interposant dans la chaîne électrique un corps moins bon conducteur, un cordon mouillé par exemple; si l'on ne prend cette précaution, l'extraordinaire rapidité de l'étincelle électrique rejette la poudre de côté sans l'enflammer.

Dans l'inflammation de la poudre, le feu se répand sur la surface de tous les grains de poudre isolés, et le temps pendant lequel cela se passe est si faible, que nous ne pouvons l'apprécier au moyen de nos sens; on ne peut pourtant, en aucune manière, le considérer comme nul.

Après l'inflammation de la surface, les grains de poudre se consument, et pour cette entière combustion, il faut également un certain temps qui est aussi extrêmement petit.

Comme les expériences le montrent, le temps nécessaire depuis l'inflammation jusqu'à l'entière combustion de la poudre dépend de l'inflammabilité et de la combustibilité du grain, de la rapidité avec laquelle la flamme peut se propager dans toute la masse de poudre et en partie aussi de la grosseur des grains de poudre, etc.

La température de la combustion de la poudre est indiquée par quelques-uns vers 1200° c., par d'autres vers 2400° c. D'après les recherches très-récentes de Bunsen et Schischkof, la température de la flamme de la poudre dont les gaz se forment dans un espace fermé atteindrait même 3340° c.

D'après la théorie, 100 grains de poudre qui occupent un espace de 0,4 pouces donnent 131 pouces cubes de gaz, et 0,16 pouces de résidu. Ces 131 pouces de gaz se trouvent ainsi comprimés dans un espace de 0,24 pouces cubes qui sont les 2/5 de l'espace de la poudre, ce qui équivaut à une condensation de 546 fois leur volume. Cette quantité de poudre devrait donc, sans tenir compte de l'élévation de température, exercer une pression de 546 asmosphères.

La poudre contient, selon l'état de l'atmosphère, une

quantité variable d'humidité; elle peut tirer de l'air plus de 0,14 de son poids d'humidité.

Une bonne poudre ne doit pas contenir plus de 2 pour 100 d'humidité.

La propriété que la poudre possède d'*attirer l'humidité*, doit la plupart du temps être attribuée aux propriétés hygroscopiques du charbon.

Selon la quantité d'eau contenue dans la poudre, le salpêtre se dissout, et par suite de l'évaporation qui survient, il s'étend sur la surface du grain en une couche blanchâtre.

Quand cela arrive, la proportion et le mélange des éléments de la poudre sont détruits, l'inflammabilité de la poudre diminue, les grains deviennent poreux, ils se prennent en mottes, et la poudre se détériore entièrement. Quand la poudre n'a pas plus de 5 pour 100 d'humidité, elle reprend par le séchage la plus grande partie de ses premières propriétés. De 6 à 8 pour 100 sa couleur est déjà plus foncée, à 10 pour 100 les grains se collent les uns aux autres, et sont encore plus colorés. A 12 pour 100 les grains deviennent très-mous, s'agglomèrent en plus grande masse et se couvrent par le séchage d'une croûte de salpêtre, ce qui détruit l'uniformité du mélange. A 14 pour 100 et au delà, les grains s'écrasent facilement, et après le séchage la poudre n'est absolument propre à aucun usage.

La présence de l'humidité dans la poudre exerce certainement une grande influence sur sa force; une gargousse même de 24 livres ne donne plus de détonation, quand on l'enflamme; du feu et une épaisse colonne de fumée sortent de la bouche à feu et le boulet n'est lancé qu'à quelques pieds.

Une poudre bien travaillée doit avoir une couleur uniforme gris ardoisé et un faible lustre; elle ne doit pas tacher quand on la roule sur la main ou sur le papier ; elle doit, dans toute sa masse, renfermer des grains d'une grosseur à peu près égale ; ces grains sont convenablement durs, se broient quand on les presse dans les mains, sans toutefois se laisser écraser facilement avec le doigt. Elle doit en outre avoir une densité déterminée, ne pas contenir plus de **2 0/0** d'humidité, et quand on l'enflamme sur un petit morceau de papier blanc, brûler rapidement avec une fumée s'élevant verticalement et ne laisser qu'un faible résidu.

La couleur de la poudre est-elle très-foncée, c'est qu'elle contient trop de charbon, ou bien qu'elle est trop humide. De la poudre humide salit et se laisse facilement écraser.

La poudre broyée ne doit pas montrer, même aux yeux exercés, le plus léger changement de couleur, et l'on ne doit observer aucune partie aiguë dans les grains isolés. Dans le premier cas, le mélange serait imparfait ; dans le second, la trituration des éléments de la composition serait insuffisante.

Des taches blanches ou des points brillants se montrent sur le grain ; c'est la preuve que le salpêtre s'est effleuri par suite de l'humidité et d'un séchage ultérieur, et que le mélange intime est ainsi troublé.

La poudre qui, en brûlant sur du papier, laisse des taches noires, contient trop de charbon ou bien cet élément est mal mélangé ; si les taches sont jaunes, c'est le soufre qui est en trop grande quantité ou mal mélangé.

S'il reste des grains non brûlés, cela indique ou un mauvais mélange ou l'emploi d'un salpêtre impur.

Le papier est brûlé en certains endroits, c'est que la poudre est trop humide ou sinon de mauvaise qualité.

L'EFFET ET LA FORCE DE LA POUDRE A TIRER.

L'origine et l'intensité de la force développée par la poudre sont appréciées de manières étonnamment différentes.

On lit à ce sujet dans un manuscrit de 1545 sur l'artillerie :

« La force de la poudre est due à la chaleur du soufre et à la froideur du salpêtre, qui ne se peuvent pas souffrir mutuellement. Deux sortes de poudre portent plus loin que chacune en particulier, à cause de leur contrariété réciproque. »

En 1555, Léonhard Fronsperger dit pareillement dans son livre sur la guerre :

« L'effet de la poudre est dû à ce que le salpêtre est naturellement plus froid, le soufre plus chaud, et que les deux éléments ne peuvent se supporter. »

Miethen dit, en 1684, au sujet de la force de la poudre :

« Les deux principes opposés, chaud et froid (soufre et salpêtre), feu et eau, sont séparés et comme délivrés de leurs liens par l'inflammation du charbon, puis chacun cherche à dominer sur l'autre, et plus leur force s'accroît, plus violente devient l'opposition. Le feu cherche son séjour naturel, l'air ; l'eau, c'est-à-dire le salpêtre, se tient intérieurement à la pièce, pousse le feu devant elle, etc. »

En 1702, Bernouilli croit que l'effet de la poudre est

dû uniquement à la dilatation de l'air enfermé entre les grains.

Newton donne, en 1705, une théorie de la combustion de la poudre; il croit que l'acide sulfureux, se formant dans la combustion du soufre, expulse du salpêtre l'esprit qui y est contenu, et que celui-ci brûle.

Papin fit, en 1706, des recherches sur la force de l'*air* que développe la combustion de la poudre, et trouva que six grains de poudre contenaient 1 grain d'*air*.

D'après Muschenbröck, Stahl, Baumé et Macquer, la force élastique de la poudre provient de la vapeur d'eau; et, d'après Lombard, de la vapeur d'eau et de l'acide nitrique réunis. Ce dernier estime la force de la poudre à 9,251 fois, et Antoni à 18,000 fois la pression atmosphérique.

Le comte Saluce admet que la poudre se dilate de 222 fois son volume, à la température de l'atmosphère.

Ingenhouz conclut d'expériences sur l'*air détonant* que la quantité de gaz qui se développe de la poudre surpasse au premier instant 2,000 fois le volume de cette poudre.

Robins, dans ses *Principes sur l'artillerie*, traduits par Euler, admet que, refroidis, les gaz de la poudre montent à 244 fois son volume, et qu'à la température qu'ils ont réellement, ce volume doit être quadruplé.

Rumfort conclut de ses remarquables expériences que la force absolue de la poudre atteint 55,000 et peut-être même 131,072 atmosphères.

D'autres concluent de ces expériences (voyez Gilbert, *Annales de physique*, 1798, et Hoyer, *Dictionnaire d'artillerie*, 2ᵉ partie) que les calculs de Rumfort ne sont pas justes.

La poudre n'était pas, dans les expériences de Rumfort, enflammée par une étincelle, mais bien par un fer rouge, d'où grand échauffement de l'appareil. Il en résultait que la poudre était décomposée et même préparée à la décomposition d'une manière anormale, et que les gaz prenaient, par cet échauffement, une bien plus haute tension. Rumfort, au reste, mesurait la force de la poudre d'après la force d'explosion d'un mortier cylindrique en fer qu'il fermait dans ses expériences par une charge convenable.

La méthode par laquelle on mesure la force d'explosion a été basée dans ces derniers temps sur des principes meilleurs qu'autrefois : on peut donc, par ce motif, n'avoir qu'une confiance modérée dans les résultats de Rumfort.

D'ailleurs, Rumfort ne s'appuie aucunement sur les gaz qui produisent les effets prodigieux de la poudre, mais seulement sur la vapeur d'eau de la poudre que la chaleur dilate, de sorte que, pour lui, toute arme à feu serait une machine à vapeur.

S'appuyant sur les expériences de Rumfort, d'autres ont trouvé pour la force de la poudre, **2,000**, **4,000**, **10,000**, **29,177**, etc., atmosphères.

Les recherches toutes récentes de **M.** Bunsen la portent de **4,163** à **4,373** atmosphères.

Cette force si discutée est *la force absolue* de la poudre, c'est-à-dire celle qu'exercent les gaz qui y sont développés contre une paroi empêchant toute dilatation jusqu'à entière combustion.

Bien moindre est *la force relative* (effet utile) de la poudre qui se développe quand les gaz peuvent se dilater pendant la combustion, ainsi que cela a lieu dans les armes à feu, où une partie des gaz s'échappe par la lumière et le vent, tandis que l'autre partie pousse le projectile en avant en se dilatant.

De tous ces dires, il ressort assez que l'on est encore bien peu éclairé sur la force de la poudre, et l'expression de Proust :

« Que l'homme n'a point encore inventé la poudre » ne semblera pas sans fondement.

Melsens dit dans sa « *Note sur les poudres de guerre, de mine et de chasse,* » après avoir cité cette expression :

« Ces paroles sont-elles encore vraies aujourd'hui? On pourrait l'admettre en présence des divergences d'opinions, si nombreuses de nation à nation, d'individu à individu. Les officiers d'artillerie d'un même pays sont loin d'être d'accord entre eux. »

LE TRANSPORT DE LA POUDRE A TIRER.

Dans les transports, on doit, à cause des propriétés hygroscopiques de la poudre, de sa facile friabilité et de sa réduction en poussier, et avant tout à cause du danger d'explosion, la préserver contre l'influence de l'humidité, contre tout ce qui pourrait amener le frottement des grains les uns contre les autres, et contre tout accident qui pourrait produire son inflammation.

Cependant c'est à peine si, par l'emploi de tous les moyens prescrits, l'on peut prévenir ces inconvénients, et la poudre la mieux travaillée souffre toujours plus ou moins dans le transport et perd ainsi de sa qualité.

Les prescriptions suivies dans les divers pays montrent clairement que l'on ne méconnaît point les imperfections et les dangers de la poudre à tirer, dans les transports.

On a déjà vu que, dans le chargement, les enveloppes ne devaient pas frotter les unes contre les autres ou bien contre les ferrures de la voiture, parce que ce frottement peut facilement produire des échauffements qui pourraient amener l'inflammation du poussier inévitable, et par suite l'explosion de la poudre expédiée.

On évite le frottement en mettant sous les emballages des bourrelets de paille ou une natte de roseaux. Pendant le trajet on doit examiner souvent si les emballages ne se dégradent pas, si aucun cercle ne se détache sur les

3.

barils, et enfin s'ils ne frottent pas les uns sur les autres ;
plus rarement, si l'essieu des roues ne s'échauffe pas par
suite du manque de graissage, etc...

Si l'un des cas énoncés se présente, on doit aussitôt,
afin de prévenir une explosion, remédier à cet inconvénient. Malgré toutes ces précautions, il peut cependant arriver qu'une voiture de poudre saute en l'air :
aussi, afin d'empêcher l'explosion de se propager, doit-
on, pendant le trajet, laisser les chariots à une distance
convenable les uns des autres (25 à 30 pas environ).

Tous les chariots affectés aux transports de la poudre
doivent eux-mêmes marcher au pas avec la plus grande
précaution, afin qu'aucun accident n'arrive.

Les voitures qui transportent de la poudre doivent se
tenir constamment sur le même côté de la route, et du côté
d'où vient le vent, afin que les étincelles, qui pourraient se
produire par le frottement sur les chariots qui passent à
côté, soient emportées par le vent, et soient ainsi sans
danger pour la poudre.

Les passants ne doivent pas fumer.

Mais il ne suffit pas que l'escorte observe strictement
ces règles de précaution, son attention doit encore
s'étendre bien plus loin. En passant dans les lieux habités, les portes des maisons des forgerons et de tous les
ouvriers qui travaillent avec le feu, doivent être soigneusement fermées, et enfin on doit faire éteindre entièrement tous les feux allumés dans le voisinage de la route.

Pour avertir les passants, on hisse la plupart du temps
un drapeau noir sur la première voiture

Dans les haltes ou les stations de nuit, le convoi doit
être conduit en dehors des lieux habités dans un endroit où il soit à l'abri du danger du feu et des inon-
dations. A cet effet, l'emplacement du parc est éloigné le plus possible des maisons et choisi dans un lieu élevé,

et le convoi est constamment surveillé par les hommes de l'escorte.

Dans le transport par eau, les barils doivent être placés bien solidement sur des chantiers et au sec, et toujours séparés des autres parties du chargement. Ils ne peuvent ainsi jamais rencontrer de matières qui les exposent à une inflammation spontanée par le frottement, ou à une détérioration par l'humidité, ou bien enfin qui puissent devenir dangereuses dans le cas où une enveloppe viendrait à se briser.

Chaque bâtiment doit être escorté et muni d'un drapeau noir, afin que même de loin on soit en état de reconnaître son dangereux chargement.

Si le transport de poudre se compose de plusieurs bâtiments, ils doivent constamment se tenir à quelques centaines de pas les uns des autres, pour éviter les abordages.

A bord d'un bâtiment affecté au transport de la poudre on ne doit ni fumer ni tolérer le moindre feu ou de la lumière. Les atterrages doivent toujours se faire dans des lieux dans le voisinage desquels il n'y a pas de maisons où l'on se serve du feu.

Comme la confection des munitions ne diminue en rien le danger de la poudre qui y entre, on doit suivre toutes les mesures de précaution dont il vient d'être parlé dans le transport des munitions.

De tout ce qui précède il résulte clairement que le transport de la poudre est toujours entouré de grands dangers ; les nombreuses explosions survenues dans les transports de poudre en fournissent du reste une preuve irrécusable.

Parmi les malheurs arrivés dans notre siècle, on peut citer ici les suivants :

1803. Un caisson saute près de Berlin.

1810. A Esenach, un transport de poudre fait explosion par suite du frottement d'un essieu. Cette explosion fut accompagnée de grands malheurs.

1816. Près de Bruxelles, une voiture sur laquelle on avait chargé un tonneau de poudre saute par un hasard remarquable.

Le tonneau avait tamisé le long du chemin, et l'on enflamma par imprudence la traînée de poudre à la porte de Bruxelles ; le feu se propagea jusqu'à la voiture qui était à 3/4 de lieue de la ville et amena l'explosion.

1859. Près de Vérone, deux trains du chemin de fer se rencontrent, les munitions d'une batterie que l'on transportait sautent en l'air et amènent par suite des accidents déplorables, etc.

L'EMMAGASINAGE DE LA POUDRE A TIRER

Pour l'*emmagasinage* de la poudre à tirer, on a nécessairement égard aux trois éléments dont il a été question dans son transport, à savoir : l'*inflammabilité*, la *propriété d'attirer l'humidité et la réduction en poussier*, et l'on fait tout son possible pour s'y opposer.

L'extrême danger d'inflammation de la poudre fait une nécessité absolue de placer le magasin où on la conserve loin des lieux habités, et on doit le bâtir à au moins 1000 pas de toute maison où l'on fait du feu.

Ce n'est pas seulement pour prévenir la destruction des approvisionnements que l'on a pris cette mesure de précaution, c'est aussi en vue d'éviter l'énorme dévastation qu'une explosion pourrait exercer sur les alentours.

Les habitations du personnel de surveillance et de garde doivent elles-mêmes être distantes du magasin d'au moins 3 ou 400 pas.

Dans le temps passé, on n'était pas aussi convaincu qu'à présent du danger qu'offrent des magasins à poudre placés près des villes, et l'on trouve encore au XVIII⁰ siècle des poudrières placées, même en temps de paix, dans l'intérieur des villes.

Il fallut de nombreux accidents pour que l'on établît partout les dépôts de poudres à une distance suffisante des lieux habités, d'autant plus que l'on n'avait alors aucun moyen de les préserver de la foudre pendant les orages.

Cependant, en l'année 1749, Franklin, en Amérique, inventait le paratonnerre ; tous les magasins à poudre en furent successivement munis, et l'on écarta ainsi, en partie, du moins, une grande cause de dangers.

De nombreux exemples avaient montré depuis longtemps que la foudre occasionnait l'explosion des magasins à poudre.

Si les paratonnerres sont convenablement établis et tenus constamment en bon état, la chute de la foudre est sans danger pour le dépôt.

Ainsi, le magasin à poudre de l'île des Bourgeois, près de Breslau, fut muni d'un paratonnerre en l'année 1779. Au 4 décembre de la même année, la foudre tomba sur ce magasin et glissa heureusement le long de la chaîne. On se figure toute l'étendue du malheur dans le cas où le magasin n'aurait pas été préservé de cette façon, car on y avait déposé plus de 2,000 quintaux de poudre.

Dans la prévision des siéges, on est, il est vrai, contraint de renfermer la poudre dans l'intérieur des places fortes. Dans ce but encore, le magasin doit être placé à une distance convenable des lieux habités et des places fréquentées, afin qu'il ne soit exposé que peu ou point du tout au feu ennemi.

Les explosions citées plus bas et causées par le tir de l'artillerie ennemie, montreront combien cette prescription est importante, et combien les projectiles ennemis sont dangereux pour les approvisionnements de poudre.

1597. Un boulet rouge fait sauter la poudrière de Rheinberg.

1628. A Wolgast, un approvisionnement de poudre saute, atteint d'un boulet ennemi.

1657. Près d'Athènes, un magasin à poudre saute en l'air, atteint par une bombe.

1686. Devant Bude, une grenade lancée de la citadelle tombe sur une batterie et produit l'explosion de 1000 grenades ; des bombes font sauter la poudrière de Bude, qui contenait 1000 quintaux de poudre.

1691. A Belgrade, un magasin à poudre saute, atteint par un boulet rouge.

1710. A Saint-Venain, un magasin à poudre saute en l'air pendant que l'on faisait la brèche.

1717. A Semlin, un magasin à poudre saute, atteint par une bombe.

A Belgrade, un magasin à poudre frappé par une bombe saute également, 3000 hommes y perdent la vie.

1744. Devant Fribourg, plusieurs magasins à poudre de tranchée sautent, atteints par des bombes.

1745. Devant Tournay, un magasin saute, atteint par une bombe.

1757. Une bombe enflamme un approvisionnement de poudre dans un bastion de Breslau. Le laboratoire saute également et 200 hommes périssent.

1763. A Azoff, un magasin à poudre atteint par une bombe saute et détruit 100 maisons.

1782. A Gibraltar, une bombe atteint le magasin à poudre qui saute en l'air.

1790. A Mayence, un boulet de 24 livres atteint un canon français tout chargé, le choc fait décharger celui-ci ; deux boulets lancés contre les Prussiens vont enflammer derrière les batteries 4 coffres à poudre.

1792. Près de Valmy, une grenade fait sauter deux caissons français.

1795. A Mannheim, une bombe fait sauter un magasin à poudre placé dans la courtine et fait ainsi une brèche.

1814. Au fort de Maubeuge, une grenade fait sauter un magasin qui contenait 140 bombes.

1823. A Pampelune, une grenade produit l'explosion d'un magasin à poudre.

1850. Pendant le siége de Frédérickstadt une grenade danoise fait sauter en l'air l'approvisionnement de munitions pour les mortiers de 84 livres.

Afin que l'effet d'une explosion d'un dépôt de poudre se fasse sentir moins loin, et que d'un autre côté les personnes étrangères au service ne s'approchent pas facilement de ces lieux d'approvisionnements, on les entoure d'habitude d'un rempart ou bien d'un mur éloigné d'une certaine distance du bâtiment et assez élevé pour que l'on ne puisse facilement l'escalader.

Actuellement, on ne construit pas les magasins à poudre entièrement en maçonnerie, on établit seulement un soubassement et des piliers en pierre, et l'on remplit les intervalles avec des pans de bois ; de cette manière, on diminue les effets destructeurs d'une explosion, car les débris lancés se composent en grande partie de bois qui produisent moins de ravages que des blocs de maçonnerie.

Les magasins sont constamment gardés en dehors, et le poste a pour instruction d'éviter soigneusement que l'on fume dans les environs, que l'on tire des coups de fusil ou que l'on allume du feu.

Il a déjà été dit que l'humidité détériore très-rapidement la poudre et la rend impropre au service : aussi doit-on placer les dépôts de manière qu'ils n'aient pas à redouter une inondation, et le moins possible l'humidité du sol.

Comme on le sait, l'humidité dans les magasins à poudre provient de l'ascension de l'eau du sol à travers les pierres et les fossés, de la condensation de la vapeur d'eau d'un air plus chaud que l'air du magasin, et enfin de l'infiltration de l'eau du dehors à travers les murs ou

bien par la couverture à la suite de pluies très-fré-
quentes.

On a mis en avant différents moyens de remédier, en
partie ou entièrement, à ces inconvénients ; leur description détaillée ne peut cependant être donnée ici, d'autant plus qu'aucun d'entre eux n'offre un remède radical
en cette matière

Dans la marine française on adopta, en 1820. des
caisses en cuivre pour la conservation de la poudre,
parce que, dans les barils précédemment employés, le
1/10ᵉ de la provision de poudre se détériorait chaque
année.

Comme la détérioration de la poudre, par suite de
l'humidité, ne peut être évitée même dans les magasins
bien établis, on l'examine à des époques périodiques, on
la trie, on l'éprouve, on la classe et l'on rejette toute
celle dont on ne peut se servir.

La poudre est conservée dans des vases convenablement construits ou dans des barils ; ces derniers sont
placés dans les magasins sur des chantiers de bois, et
engerbés les uns au-dessus des autres, de manière que
les barils ne soient pas endommagées par leur poids,
ou qu'ils ne glissent pas sur les chantiers, ce qui pourrait
bien devenir la cause de grands accidents.

La poudre placée dans les magasins donne toujours
à la longue du poussier ; comme ce poussier est ex-
trèmement dangereux, à cause de sa facile inflammabilité, l'on doit employer toutes les précautions pour empêcher son inflammation et par suite une explosion du
dépôt.

A cet effet, le sol est la plupart du temps recouvert
d'une natte de paille.

Les pentures et les gonds des portes et des fenêtres qui
frottent les uns contre les autres, quand on les ouvre, et

peuvent, par conséquent, amener l'inflammation du poussier, sont entièrement en cuivre, ou bien ils sont recouverts d'une lame de cuivre ; on sait, en effet, qu'ordinairement ce métal frottant sur lui-même n'est pas en état de produire des étincelles.

Les contrevents sont faits entièrement avec de la tôle de cuivre, ou bien avec de la tôle de fer : dans ce cas les bords seulement sont garnis de lames de cuivre.

De même, on a soin de faire en cuivre les clefs de la porte, afin de ne pas avoir à redouter une explosion en ouvrant les magasins.

Les dépôts n'ont pas de fenêtres vitrées, parce que le verre pourrait facilement, par diverses raisons, telles que son impureté et ses défauts, faire l'effet de lentilles et déterminer ainsi dans les grandes chaleurs l'explosion de l'approvisionnement de poudre.

Dans le local (maison de surveillance) attenant au magasin, il y a, à la vérité, des fenêtres garnies de vitres ; mais afin d'éviter les effets dont nous venons de parler, elles sont elles-mêmes recouvertes d'une légère couche de chaux ou de couleur blanche.

La poudre peut, comme on le sait, faire explosion par le frottement entre des corps durs : aussi est-il prescrit que toutes les personnes qui entrent dans le magasin doivent déposer leurs armes, cannes, éperons, etc., et prendre des chaussures en feutre que l'on garde toujours à l'entrée du dépôt et qui doivent, du reste, être constamment exemptes de sable, poussière, etc.

En Angleterre, on est particulièrement prudent sous ce rapport, car en été les chemins qui conduisent d'un magasin à un autre, bien que couverts de planches, sont arrosés avec de l'eau, afin qu'il ne s'y produise pas de poussière. Sur ces chemins on ne peut pas même circuler sans les chaussures en cuir de magasin. Veut-on entrer dans le magasin, alors on doit, malgré la double chaussure que l'on possède, prendre une nouvelle paire de sandales, afin d'éviter tout danger.

A cause du danger qu'offre le frottement, on prescrit en outre de ne pas pousser ou rouler les barils dans les magasins, mais de toujours les soulever et de les porter seulement dehors ou dedans. On ne peut aussi, dans le magasin, ni ouvrir, ni fermer les vases de poudre, ni y faire un travail dans lequel on est obligé de frapper, heurter, etc., avec des instruments, parce qu'il pourrait bien conduire à de grands malheurs.

Chaque personne qui entre dans le magasin doit enfin se débarrasser des matières facilement inflammables, telles qu'objets de fumeur, allumettes, etc.

Pendant la nuit, ce n'est que dans le cas d'un besoin extrême que l'on peut entrer dans le magasin, en observant la plus grande prudence et avec une lumière bien enfermée dans des enveloppes particulières, lanternes de corne, etc.

Ce que l'on vient de dire suffit pour montrer que partout l'on apprécie le grand danger de la poudre à tirer et que l'on doit prendre dans les magasins de grandes mesures de prudence si l'on veut éviter autant que possible l'explosion de ce dangereux contenu.

De nombreux accidents ont démontré suffisamment que les mesures de précaution observées dans l'emmagasinage des poudres ne reposent point en partie sur la pédanterie, ainsi que plusieurs pourraient le croire.

Pour confirmer ce jugement, nous citerons quelques-uns des accidents à nous connus, sans mentionner toutefois les explosions produites par la foudre etc., que nous avons déjà indiquées.

1535. Devant Marseille, la poudre d'une batterie,

déposée dans des barils, s'enflamma par la seule détonation des canons.

1540. Devant Bude, la poudrière d'une batterie fait pareillement explosion par suite du tir de cette dernière.

1552. La même chose arriva à Pesth.

1660. Dans le siége de Helfenstein, un magasin à poudre saute par suite d'une imprudence.

1690. A Belgrade, un magasin à poudre saute. L'explosion doit avoir été occasionnée par l'incendie de l'arsenal.

1692. Dans la citadelle de Namur, un dépôt contenant 8,000 livres de poudre saute en l'air.

1703. A Huy, on roule contre l'ennemi, qui montait à l'assaut, un baril de poudre muni d'une mèche enflammée ; chemin faisant, le baril se défonce, s'enflamme trop tôt et communique, au moyen de la traînée de poudre, le feu au magasin d'où on l'avait tiré ; ce dépôt saute en l'air.

1705. Pendant le siége de Fenestrelle l'arsenal saute.

1720. Un imprudent fait sauter la poudrière de Berlin.

1730. Au camp de Radewitz, en Saxe, une caisse de munitions s'enflamme et blesse plusieurs canonniers.

1744. Les Prussiens en quittant Prague veulent jeter dans un puits 3,000 quintaux de poudre pour qu'on ne puisse pas s'en servir. En la versant dans l'eau, la poudre s'enflamme et cause une explosion formidable.

1747. A Berg-op-Zoom, la caisse à poudre d'une batterie saute.

A Hults, des sacs de poudre placés sous les sacs à terre du logement des grenadiers, s'enflamment et produisent de grands dégâts.

1757. Le magasin à poudre de Schweidnitz saute, enflammé par un incendie.

1758. A Breslau, un dépôt de poudre saute par suite d'une imprudence et tue 16 hommes.

1780. A Charlestown, un magasin à poudre saute par suite d'une imprudence.

1807. A Breslau, un approvisionnement de poudre saute par suite d'une imprudence.

1809. La poudrière de Girone saute.

1813. Dans un bastion de Spandau, un magasin à poudre saute.

1815. Explosion du magasin à poudre d'Avesnes.

1826. Le magasin à poudre d'Ostende saute, parce qu'on n'avait pas observé les mesures de précaution prescrites.

1851. La poudrière de Tmesvar saute en l'air par suite d'une imprudence pendant le travail ; les maisons environnantes sont détruites et beaucoup d'hommes sont tués.

1853. La poudrière de Crémone saute.

1858. La poudrière de Mayence saute et détruit tout un quartier de la ville.

1862. Un petit magasin à poudre du laboratoire de Simméring, près de Vienne, saute ; il contenait de la poudre à tirer et de la poudre-coton, en sorte que l'on ne peut donner la cause de cette explosion. Nous devons cependant la mentionner ici.

DE L'EMPLOI DE LA POUDRE A TIRER DANS LES MUNITIONS.

Dans l'emploi de la poudre à tirer pour la confection des munitions, il s'est produit jusqu'aujourd'hui de nombreux accidents, qui, pour la plupart, ont été causés par l'explosion de la poudre, explosion due à un coup, un choc ou un frottement, et aussi à ce qu'on la met imprudemment en présence de substances prenant facilement feu.

Pour ce qui est des ateliers dans lesquels on travaille avec la poudre ou la composition de poudre, il faudra observer en général les mesures de précaution qui ont été citées déjà pour l'emmagasinage de la poudre.

Lors de l'emploi de la poudre, la nature même de ce mélange mécanique rend inévitable la formation du poussier; à ce point de vue, il faut donc observer les plus grandes précautions pour empêcher des inflammations et des explosions qui ne sont que trop faciles.

Pour diminuer les dangers toujours imminents qui proviennent de l'accumulation continuelle de poussiers, on répand fréquemment de l'eau sur les nattes de roseaux étendues sur le sol, et on les maintient constamment humides.

Les vases qui contiennent la poudre ou la composition doivent toujours être bien couverts.

Les instruments de travail ne doivent renfermer ni clous, ni parties en fer; les premiers sont quelquefois employés, mais on a soin alors de les enfoncer profondément dans le bois et de coller dessus avec soin plusieurs bandes de papier.

Pour prévenir les explosions, il faut absolument éviter les coups, le frottement ou les chocs, particulièrement de fer contre fer, sable ou pierre. Pour ce motif, le jeu des fenêtres et des portes doit être doux et ne pas surtout occasionner de frottement. Jamais il ne faut les fermer brusquement.

Il ne faut jamais rouler ou jeter des projectiles en fer dans ces ateliers, ni y ensaboter les boulets creux.

On signale comme spécialement dangereux sous ce rapport les projectiles de vieille munition ou ceux qui ont été déchargés; ordinairement, on les met d'abord dans l'eau où ils se débarrassent entièrement du poussier de poudre qui peut encore adhérer à leur surface.

La poudre que l'on répand doit être aussitôt balayée, et l'endroit où elle est tombée humecté avec de l'eau.

Les ateliers où l'on travaille avec du feu doivent être suffisamment loin des laboratoires où se trouvent les artificiers, et en être séparés par des traverses en terre ou des plantations d'arbres.

On doit rigoureusement éviter de mettre des corps brûlants ou en ignition en contact avec des matières facilement inflammables.

Il est en outre prescrit, pour éteindre le plus vite possible un commencent d'incendie, d'avoir tout prêts dans chaque atelier quelques vases pleins d'eau et à proximité des bassins également pleins.

Il doit aussi y avoir, dans tout laboratoire, une pompe à feu.

Nous n'avons exposé ici que les précautions qui peuvent contribuer en partie à diminuer les accidents dans la préparation des munitions, et nous passons sous silence les prescriptions particulières que l'on suit dans l'exécution de diverses manipulations.

Elles sont d'ailleurs contenues explicitement dans les instructions relatives aux travaux de pyrotechnie.

On range parmi les plus dangereux travaux de laboratoire, l'extraction de la poudre contenue dans les projectiles creux, la pulvérisation de la poudre, la compression de la matière pulvérisée pour les mèches et les fusées, la confection des fusées incendiaires, l'ajustement des projectiles creux, et surtout le vissage du tampon et l'introduction de la fusée, la préparation et le battage de la composition pour les boulets à éclairer et les balles à feu.

Nous mentionnerons enfin quelques-uns des nombreux accidents survenus pendant la préparation des munitions et les diverses manipulations qui comptent parmi les travaux de laboratoire.

1677. Pendant qu'on décharge une grenade, d'après la méthode de Förster, elle s'enflamme. Le feu se communique encore à 11 grenades chargées qui tuent Förster lui-même et 16 hommes.

1703. A Bonn, le laboratoire saute en l'air avec **300** bombes et **4,000** grenades.

1705. L'atelier de l'artificier La Bruyère, à Paris, saute en l'air.

1705. Pendant que Geisler préparait lui-même des fusées, la matière s'enflamme.

1713. D'après Brand, beaucoup d'inflammations spontanées sont occasionnées par les grenades.

1754. Le laboratoire de Dresde saute en l'air.

1778. Explosion du laboratoire de Vienne, pendant le remplissage des cartouches.

1790. Explosion du laboratoire de Mayence.

1835. Le laboratoire de Munich saute.

Un second laboratoire saute également à Munich.

Explosion du laboratoire d'Arras.

1850. Le laboratoire de Rendsbourg saute, et plus de 100 hommes y perdent la vie.

1861. Sur les landes de Steinfeld, près de Vienne-Neustadt, un projectile creux fait explosion pendant que l'on vissait le tampon et blesse plusieurs canonniers.

1862. Un laboratoire des troupes de l'Union, dans l'Amérique du Nord, saute; ce qui coûte la vie à plusieurs centaines de jeunes filles.

Une baraque du laboratoire de Simméring près de Vienne est incendiée par suite d'un coup donné sur une petite fusée d'amorce.

L'EMPLOI DE LA POUDRE A TIRER COMME MOYEN DE PROJECTION DANS LES ARMES A FEU.

Afin de pouvoir mieux montrer les *grands défauts* de la poudre à tirer dans son emploi dans les armes à feu, nous allons les étudier séparément, comme nous l'indiquons ci-dessous. Ces défauts sont en général :

1° L'inégal effet de charges égales.

2° L'effet destructeur de la poudre sur les armes à feu.

3° Les résidus gênants tant liquides que solides de la poudre dans les armes à feu.

4° La fumée de la poudre préjudiciable à la liberté de la vue et au pointage.

5°. Les gaz délétères qui se développent par la combustion de la poudre dans des endroits fermés.

6° Les gaz inflammables de la poudre et l'inflammation spontanée des cartouches lors du chargement des armes à feu.

7° La détérioration des munitions par l'humidité et les secousses dans les transports.

---

1. L'effet inégal des charges égales.

L'inégalité de l'effet de charges égales contenant les mêmes proportions des éléments est due principalement :

(*a*) A l'impureté plus ou moins grande des trois éléments.

(*b*) A la qualité différente du charbon.

(*c*) Au manque de l'intimité nécessaire du mélange, et au dérangement plus ou moins grand des proportions de dosage des diverses particules de la poudre.

(*d*) Aux circonstances, qui ne sont jamais identiques, dans lesquelles se fait la préparation de la poudre, et qui diffèrent pour un même appareil et plus encore pour des appareils différents, même quand les opérations sont conduites de la même manière.

(*e*) Aux différences de forme, de grosseur, de position, de densité, de chacun des grains de poudre.

(*f*) Aux quantités différentes d'humidité de la poudre ou de ses grains.

(*g*) Aux conditions différentes de température ou de temps dans lesquelles la poudre est employée.

(*h*) Aux quantités différentes de poussier que contiennent les charges, etc.

Quant *à l'impureté plus ou moins grande des divers éléments*, le salpêtre et le soufre sont à cet effet essayés avant la préparation de la poudre, et l'on a établi certaines tolérances, que l'on n'atteint que rarement, qui n'obligent pas à employer ces deux corps, dans un état chimique de pureté parfaite. Jusqu'à présent, on n'a pas encore bien déterminé quelle influence ces quantités très-petites d'impuretés (sel de cuisine, chaux, terre muriatique ou autres), exercent sur l'effet inégal de la poudre, et l'on pourrait d'autant moins être fixé, que les divers points énumérés ci-dessus se partagent cette influence, souvent d'une manière très-inégale.

Le charbon diffère extrêmement, non-seulement d'après l'espèce, l'âge, l'état de santé du bois avec lequel on l'a fait, mais aussi selon le procédé de carbonisation et son degré, et d'après la plus ou moins grande quantité d'humidité ou de gaz absorbés, etc.

De plus, les matières qui, outre le carbone pur, se trouvent dans le charbon, s'y rencontrent en plus ou moins grand nombre et en quantités variables.

Par tous ces motifs, on comprend très-bien que deux espèces de poudre, de même nature, même fabrication, même dosage peuvent posséder des quantités différentes de corps étrangers, et que par suite deux charges de poudre, d'ailleurs identiques, auront des effets inégaux.

La *qualité du charbon* exerce une très-grande influence sur l'effet de la poudre.

Des expériences de Braddock, faites à Madras en 1802, montrèrent qu'un charbon trop calciné donne une portée moindre qu'un charbon faiblement calciné, et l'on sait que le charbon roux fournit une poudre qui agit d'une manière très-destructive sur les armes, ce qui n'est qu'à un bien moindre degré le cas de la poudre préparée avec du charbon noir.

Entre ces deux espèces de charbon, qui sont caractérisées par le degré de carbonisation, il y en a pourtant une foule d'autres qui se rapprochent plus ou moins de l'une ou de l'autre, et il est impossible, lors de la préparation du charbon, que tous les morceaux appartiennent à la même espèce.

Par suite de cet inconvénient une même poudre n'agira jamais d'une manière complétement identique.

D'après la théorie, *les éléments de la poudre devraient être amenés par la préparation au plus haut degré de division, et être mélangés dans la plus petite particule de poudre selon les proportions du dosage* (6 molécules environ de salpêtre pour 1 molécule de charbon et 1 de soufre).

On ne peut atteindre cette intimité avec une trituration et un mélange mécaniques; ceci n'a pas besoin de plus longs éclaircissements, d'autant plus qu'en se divisant les trois éléments donnent toujours lieu à des particules de forme et de dimensions différentes.

Aussi, il arrive que dans un grain de poudre, deux, trois ou plusieurs molécules de soufre et de charbon sont unies à une seule molécule de salpêtre, ou *vice versâ*.

D'après cette vérité que l'on peut difficilement révoquer en doute, on peut soutenir presque avec certitude, que dans chaque grain de poudre il y a une autre proportion que la proportion normale.

Cet inconvénient que l'on ne peut méconnaître pourrait, il est vrai, se balancer en quelque sorte dans la quantité de poudre contenue dans la charge; mais il a lieu néanmoins, et l'on doit le mentionner ici comme une cause de l'inégal effet de la poudre.

On s'est efforcé autant que possible de mettre de côté le désavantage signalé, par une durée suffisante et toujours la même de la trituration et du mélange, et en rendant aussi identiques que possible les conditions dans lesquelles s'effectuent ces opérations et les autres travaux de la fabrication de la poudre.

Il semble, jusqu'à un certain point, que l'on y soit arrivé par les plus récents perfectionnements de la fabrication de la poudre; mais c'est à peine si l'on pourrait parvenir à obtenir par le même procédé de fabrication et dans les mêmes appareils deux poudres identiques dans toutes leurs propriétés. Encore moins alors cela aura-t-il lieu, pour deux poudres de même espèce, mais fabriquées dans des moulins différents, car cela dépend soit du mécanisme des machines et de leur marche plus ou moins variable, soit de la manière d'être des substances mélangées qui diffère selon l'état de l'atmosphère et d'autres circonstances inévitables.

Comme on le sait, l'inflammation et la combustion de la poudre ne sont pas instantanées; chacun de ces phénomènes dure un certain temps, si petit qu'il soit, qui dépend principalement *de la grandeur et de la forme de la surface, et aussi du volume de toute la masse de poudre enflammée et de chaque grain de poudre.* La forme et la grandeur des intervalles qui existent entre les divers grains de poudre exercent une puissante influence sur la propagation de l'inflammation, et par là aussi sur la combustion.

A ce point de vue donc, pour que l'effet de la poudre fût toujours identique, il faudrait théoriquement que non-seulement la forme et la grosseur de tous les grains, mais aussi leur disposition dans la masse, aussi bien que les intervalles laissés entre eux, fussent complétement semblables.

Cette dernière exigence ne peut être satisfaite que par des grains d'égale grosseur et de forme parfaitement sphérique.

On est cependant contraint, par la manière dont se fait la poudre, de renoncer à cette forme entièrement ronde des grains, et de cette manière l'effet d'une même quantité de poudre de même qualité et de même nature ne peut jamais entièrement être le même.

La densité du grain dépend de diverses circonstances qui se présentent lors de la fabrication. Ce sont surtout le degré de la trituration et du mélange des éléments, la quantité d'eau dont la composition de poudre a été arrosée, la manière dont se font la compression et le grenage, le polissage et le séchage de la poudre, en outre l'état de l'atmosphère lors de ces opérations.

Toutes ces circonstances réunies font que ni les densités de deux masses de poudre en tout semblables, ni celles de deux grains d'une seule et même espèce de poudre ne sont entièrement égales. Or, comme de la densité de la poudre dépend la rapidité de la combustion, il en résulte aussi que des charges égales d'une seule et même espèce de poudre doivent avoir des effets plus ou moins inégaux.

L'influence de l'humidité sur la poudre a été mentionnée déjà plusieurs fois.

La force de la poudre varie suivant la quantité d'humidité. Plus la poudre est humide, moins elle est forte.

La poudre mouillée est ininflammable et incombustible, elle ne produit ainsi aucun effet.

Robins (*Nouveaux principes d'artillerie*) rapporte cette opinion des vieux artilleurs, que le mortier porte plus loin le matin qu'au milieu du jour, parce que suivant eux une certaine humidité augmente la force de la poudre.

Ses expériences contredirent cependant cette assertion, car il trouva qu'en général l'humidité cause un tort réel à la poudre.

Dans des expériences faites en 1811, à la Fère, où l'air était devenu très-humide à la suite d'une inondation, la poudre donna au grand mortier, au mortier d'épreuve et dans les pièces de 24, des portées très-notablement inférieures.

D'après Meyer, la poudre donne dans le mortier d'épreuve de plus grandes portées à midi que le matin ; et toute artillerie est plus faible par un jour humide que par un temps chaud et sec.

Une commission qui, en 1811, organisa des expériences au fort de la Crèche, près Boulogne, sur l'attraction de l'humidité par la poudre, trouva que lorsque dans le mortier d'épreuve la poudre tout à fait sèche porte à

253 mètres, 1,6 pour 100 d'humidité réduit déjà la portée à 248 mètres, 4,5 pour 100 à 198 mètres et 14 pour 100 à 2 ou 3 mètres.

Grégory écrivait à Dupin, en 1818 (*Force militaire*, II, 188) : « Que la poudre est l'hygromètre le plus sensible, qu'elle indique par ses portées variables le changement de l'atmosphère mieux que le baromètre et l'hygromètre. »

Il est clair que, suivant la grosseur, la surface et le degré de poli des grains, l'humidité absorbée doit être différente pour chaque grain, et par suite de cette circonstance l'humidité contenue dans deux masses de poudre semblables ou dans des cartouches doit différer. En conséquence, il y a là aussi une autre cause de l'inégal effet de charges égales.

Non-seulement les *conditions hygrométriques*, *humidité ou sécheresse*, *mais aussi la température de l'atmosphère et celle de l'arme*, ont une influence notable sur l'effet de la poudre.

Il n'est plus besoin d'aucune preuve pour montrer qu'une élévation de température dans l'atmosphère ou dans l'arme dans laquelle la poudre produit son effet, doit augmenter sa force, et que les circonstances contraires doivent la diminuer ; suivant que ce qui est en contact avec la poudre est plus ou moins chaud, il en résulte, lors de la combustion de la poudre, une perte de chaleur moins sensible ou plus grande, et par suite la force d'expansion des gaz qui dépend surtout de la température produite dans la combustion est augmentée ou diminuée.

Les expériences que Robins exécuta dans ce sens ont parfaitement établi ce que nous venons de mentionner, car il trouva que la poudre dans un canon froid produit moins d'effet que dans un canon chaud.

La poudre en grains *est rarement ou plutôt jamais exempte de poussier.*

D'ordinaire ce poussier apparaît en quantité notable, plus ou moins longtemps après la fabrication, mais surtout après un transport ; et suivant sa proportion dans une quantité déterminée de poudre, il exerce une grande influence, variable du reste, sur l'inflammation, la combustion aussi bien que sur l'effet de la poudre.

Il est difficile de préciser l'influence que l'un ou l'autre des défauts précédemment cités peut avoir sur une charge de poudre déterminée. Ils peuvent se paralyser en partie ou augmenter encore l'inégalité des effets de la poudre, selon que l'importance de chacun d'eux est plus ou moins grande ou que plusieurs d'entre eux agissent dans le même sens.

Les inconvénients susdits, c'est-à-dire les inégaux effets des charges égales, sont une des principales causes pour lesquelles on n'a pas réussi jusqu'ici à établir pour éprouver la poudre une bonne machine, dans laquelle on puisse avoir confiance dans tous les cas ; la manière dont la poudre agit dans les machines actuelles et les moyens de mesurer ses effets sont en effet soumis à de grandes influences et à de fréquentes variations.

Ordinairement, on ne mesure dans l'épreuve de la poudre que la force relative de la poudre, on compare ainsi une poudre nouvelle ou altérée par l'emmagasinage avec une poudre normale dont l'effet dans les armes à feu et les machines à éprouver est déjà connu.

La force de la poudre est la plupart du temps indiquée en degrés sur les machines à éprouver, et il peut souvent arriver qu'une poudre inférieure accuse un plus grand nombre de degrés qu'une poudre certainement meilleure, surtout lorsque la charge des instruments d'épreuve

ne se compose que de faibles quantités des diverses poudres.

Ainsi, une poudre qui contient du poussier en certaine
proportion donnerait souvent à l'épreuve un nombre
de degrés plus élevé que de la poudre parfaitement
nette, etc.

Pour mettre, du reste, en évidence, au moyen de la
machine d'épreuve quelques-uns des moindres défauts
que nous avons signalés, on devrait en tout cas procéder
avec la plus grande attention et observer avec soin toutes les autres circonstances, ce qui n'est pas du tout
facile.

Un peu avant l'épreuve de la poudre on en pèse avec
soin et exactitude une quantité déterminée, on la place
dans le mortier-éprouvette, et lorsque toutes les pièces
de la machine sont en ordre, on met le feu.

Il est de règle de tirer plusieurs coups, quatre ordinairement, avec une seule et même espèce de poudre, et
de remplacer par d'autres les coups anormaux ; on prend
la moyenne des quatre coups, et on regarde cette moyenne
comme la mesure de la graduation de la poudre.

Lors de cette épreuve, il arrive souvent que deux
coups qui se succèdent immédiatement donnent des différences de 5 à 10 pour 100 pour la force de la poudre ;
et des poudres de la même espèce, mais provenant de
barils différents, donnent, comparées à la première, des
différences encore plus fortes.

On comprend que des différences semblables se présentent à un plus haut degré pour des poudres de même
espèce provenant de fabriques différentes ou de procédés
de fabrication différents.

Dans les épreuves ultérieures qui ont lieu quelque
temps après les livraisons faites par les fabriques (ordinairement six mois après), on trouve que le nombre des de-

grés a notablement diminué, si on le compare à la première épreuve.

Plus tard, après un certain temps d'emmagasinage, de nouvelles épreuves permettent encore de constater d'une manière significative cet important désavantage.

Ces variations que nous venons de mentionner dans les résultats des épreuves d'une même poudre peuvent servir, en partie, comme pièces justificatives, à l'appui de l'inégal effet des charges égales.

2. L'effet destructeur de la poudre sur les armes à feu.

L'effet destructeur de la poudre sur les armes à feu se produit :

(*a*) Lorsque la cohésion de la matière du canon est vaincue;

(*b*) Par la haute température de combustion de la poudre;

(*c*) Par l'action chimique des résidus, etc.

Relativement au premier point, on a coutume de distinguer la force projective (dynamique) de la poudre, et la force destructive (brisante ou statique).

Par la première de ces forces, le projectile est projeté au loin, hors de la bouche à feu ; par la seconde, l'arme elle-même est avariée plus ou moins, peu à peu mise hors de service, et même quelquefois brisée.

Comme on l'a dit déjà, quelques espèces de poudres, notamment celles qui ont été fabriquées avec du charbon roux, manifestent une grande force brisante.

Maguin montra à Esquerdes, en 1828, qu'on peut faire éclater un canon de 4 ou un fusil avec une poudre fabriquée par l'ancien procédé des pilons, préparée avec du charbon noir, et grenée en très-gros grains, à la condition qu'on lui donne un très-léger poids spécifique. Ainsi les « poudres brisantes » tirent leur effet destructeur non-seulement du charbon roux et de l'intimité du mélange, mais aussi de leur faible poids spécifique.

On a cherché, par la construction des cartouches, en leur donnant une forme allongée par exemple, à obvier à la force brisante de la poudre; mais on ne pourra qu'avec peine la supprimer entièrement, parce qu'elle est liée jusqu'à un certain point avec la force de projection, dont elle peut augmenter essentiellement les effets.

Veut-on profiter le plus possible de l'effet de la poudre, et ne pas détruire prématurément les armes à feu par les deux causes susdites, il est indispensable de les construire avec une matière dure et tenace. Le fer et le bronze des canons se sont montrés insuffisants dans bien des cas, car des fusils et des canons construits soigneusement avec une épaisseur de métal qui avait paru suffisante, ont été souvent détruits après un court usage.

Folard conseille de prendre, pour les canons en fer, de bon fer allié avec un peu d'arsenic; si on les coule avec du fer qui n'a été fondu qu'une fois, ces pièces éclatent à la tête des servants ou bien brisent leurs tourillons.

Bien que l'éclatement des armes à feu, principalement quand on commence à y introduire de la poudre, soit souvent occasionné par la mauvaise qualité du métal, on peut cependant citer à l'appui de l'effet destructeur de la poudre une foule d'accidents arrivés surtout de notre temps. (Nous énumérons à la fin de ce paragraphe ceux dont la tradition a gardé le souvenir.)

Depuis l'invention et la propagation des canons rayés, dans lesquels le vent du projectile est réduit ou même supprimé tout à fait, et où, par conséquent, la force de la poudre se manifeste avec plus d'intensité dans ses effets destructeurs, on a déjà employé souvent, au lieu de bronze et de fonte, du fer forgé et de l'acier fondu, afin d'augmenter la durée de la bouche à feu et de prévenir son éclatement.

C'est le professeur Barlow qui a montré que chacun des morceaux constituant le cylindre d'un canon doit sauter, quelque épais qu'il puisse être, aussitôt que la pression des gaz l'emporte sur la résistance absolue de la matière du canon.

Aux Etats-Unis, on s'occupait déjà, en 1846, de rechercher les causes de la faible durée des canons en fer.

Le major Wade trouva la cause de la faible résistance des canons coulés d'une seule pièce dans les dilatations inégales de la matière du canon lors du tir. Il indiqua aussi des moyens d'augmenter la résistance de la matière du canon contre l'effet de la poudre.

A l'époque actuelle, les Anglais s'occupent surtout de la solution de ce problème : « construire un canon de la plus grande résistance possible. » Parmi les personnes qui travaillent dans ce sens, Mallet, Blackely, Treadwell, Longridge, Armstrong, Whitworth, etc , méritent d'être cités.

On peut espérer que ces hommes, si distingués dans la pratique, réussiront à atteindre le but qu'ils se sont proposé. Dans ce cas, on pourrait employer une préparation encore plus brisante que la poudre à tirer, sans danger pour les armes à feu, et, suivant toute vraisemblance, augmenter notablement les effets du tir.

Sous l'influence de la haute température développée dans la combustion de la poudre, et de la force d'expansion des gaz, le carbone de la fonte des canons en fer est en partie brûlé, surtout à l'emplacement de la gargousse, et dans les canons en bronze, l'étain qui fond facilement est séparé de l'alliage ; alors la masse métallique, devenue poreuse, est soumise à une destruction mécanique.

Ces inconvénients se présentent surtout lorsque les coups se succèdent à un court intervalle et en grand nombre.

Il arrive alors fréquemment que la température du métal s'élève assez pour qu'une goutte d'eau tombant sur la surface s'y évapore très-rapidement.

De plus, comme la poudre est chargée dans des gargousses, il arrive souvent que dans les cavités poreuses de l'arme, surtout aux environs de la lumière, il reste des matières en ignition qui continuent à y brûler à la faveur de la haute température du métal.

Ainsi s'expliquent en partie les nombreuses inflammations spontanées des charges dans les armes à feu.

La destruction de l'arme par la grande force d'expansion et la température des gaz de la poudre se montre de la manière la plus frappante près de la lumière.

Les lumières pratiquées directement dans le métal du canon sont bientôt élargies ou brûlées de bas en haut par un tir continu, et il est ainsi livré un passage aux gaz de la poudre au détriment de l'effet du tir.

On chercha, il y a deux siècles, à obvier à la détérioration prématurée des lumières en coulant ou en vissant des grains de lumière dans lesquels on forait ensuite le canal de la lumière.

Le vissage des grains de lumière dans les bouches à feu s'est conservé jusqu'ici ; mais, avec le temps, la lumière ne s'en élargit pas moins.

L'expérience montre que, dans les grains en cuivre, l'élargissement, après 1,200 ou 1,500 coups, s'élève à 2 ou 3 lignes. Dans les canons de gros calibre, avec des charges proportionnellement fortes, cet élargissement se produit après 800 ou 1,000 coups.

Outre cet écrasement de la lumière, on voit se former, après un millier de coups, dans l'intérieur du canon et sur les bords du grain, des cavités ayant environ 1/2 ligne de profondeur.

Ces égrènements augmentent avec le nombre de coups, et l'on est forcé de remplacer l'ancien grain par un autre plus fort en diamètre.

Par toutes ces causes, qui sont bien à considérer, les armes à feu sont mises hors de service après un certain nombre de coups.

Les instructions sur le vissage du grain de lumière et le forage du canal de lumière, et sur la nomenclature des bouches à feu employées dans les diverses artilleries, donnent des indications sur l'instant où la pièce dont on se sert devient impropre au service de la guerre.

Dans l'énumération des avaries des bouches à feu, on doit aussi considérer les évasements des orifices, les égueulements, le logement du boulet, etc., qui, la plupart du temps, proviennent du vent des bouches à feu, et dont on ne peut cependant parler davantage ici, parce qu'ils ne proviennent qu'indirectement de la poudre.

Dans les résidus de la poudre, c'est principalement le soufre qui, vu sa grande affinité pour le métal du canon, surtout lorsque ce canon est échauffé par un tir continu, se combine avec ce métal, l'attaque ainsi et augmente peu à peu le calibre du canon.

Des recherches faites dans la marine française, où l'on conservait la poudre dans des caisses doublées de cuivre, ont montré combien le soufre attaque le cuivre. Lorsqu'on ouvrit les caisses, au bout d'un an, les grains de poudre placés le plus près des parois de la caisse étaient devenus durs et adhéraient fortement au cuivre. Sur toute la surface, il s'était formé du sulfure de cuivre.

Les résidus de la poudre viennent en tout cas hâter la rouillure de l'intérieur du canon, et c'est pour les canons en fer la première cause de la destruction ultérieure par les influences atmosphériques.

Dans les canons rayés en fer que l'on charge par la culasse, on emploie, pour les en préserver le plus possible, le graissage avec l'huile de Belmontyl, et on les bouche avec un grand soin.

Bien que les canons soient rarement mis hors d'usage par l'action chimique des résidus, les armes rayées dont les rayures n'ont qu'une très-faible profondeur (souvent un point seulement), sont si vite attaquées que les cloisons et les rayures perdent rapidement leur effet et souvent aussi disparaissent tout à fait.

Après ces considérations générales sur l'effet destructeur de la poudre sur les armes à feu, nous allons énumérer à l'appui les accidents suivants que nous rapporte la tradition.

1422. Devant Karlstein, les Hussites avaient 5 grandes arquebuses, une d'entre elles éclate au sixième coup, une autre au septième, et une troisième au trente-deuxième, de sorte qu'ils sont forcés d'employer des catapultes.

1428. Devant Bologne, deux mortiers éclatent.

1448. Devant Piombino, plusieurs mortiers crèvent.

1452. Devant Castiglione, un mortier éclate.

1454. Les Turcs avaient fait couler en Hongrie de grandes pièces d'artillerie qui, avec un diamètre de 27 pouces, envoyaient chacune, quatre fois par jour, de 850 à 1,200 livres de pierres et avaient besoin de 200 hommes et de **70** paires de bœufs pour se déplacer ; une d'entre elles éclate au premier coup devant Constantinople.

1460. Jacques II d'Ecosse est tué par une bombarde qui éclate.

1467. A Liége, un grand mortier éclate.

1565. D'après Capio Bianco, il saute, à Malte, en peu de jours, 24 pièces de bronze.

1597. On est obligé de donner plus de force qu'autrefois au métal du canon, parce que la poudre, mieux travaillée et grenée, produit de plus grands effets, et fait éclater beaucoup de vieilles pièces. Capo Bianco dit que plus de **60** pièces de bronze ont éclaté cette année-là en Italie et dans les Pays-Bas.

1648. A Prague, des pièces qui contiennent trop d'étain et de plomb se fondent dans le tir.

1672. Lors du siége de Maëstricht, les lumières de beaucoup de canons français sont tellement agrandies qu'il faut les refondre.

1680. Sur 20 gros canons fondus à Strasbourg, en 1675, 2 crèvent après 50 coups seulement.

1684. Miethen dit que beaucoup de canons en fer forgé éclatent souvent au bout de 50 coups.

Toutes les pièces fondues par l'habile fondeur Hérold, de Breslau, éclatent. Son frère, fondeur impérial, coule aussi 2 gros canons dont un éclate. On se sert alors d'une autre poudre, et la seconde pièce résiste. On s'aperçoit que la première poudre avait été, dans la fabrication, arrosée avec des liqueurs acides.

1697. Une pièce de 18, cerclée en fer, saute au premier coup.

1726. Un canon inventé par Feutre et disposé pour être démonté éclate au premier coup.

1734. A Philippsbourg, beaucoup de pièces françaises se crevassent.

1737. Devant le fort turc d'Havéla, sur trois pièces de bronze autrichiennes il en éclate deux.

1750. Les pièces fabriquées en Suède éclatent très-fréquemment.

1752. A Turin, dans des essais sur des canons en bronze, trois pièces de 16 sont hors de service après 139, 233 et 247 coups; les charges se composaient de 8 livres de poudre et d'un boulet.

Les canons en bronze français sont mis hors de service par le seul exercice du tir.

1756. Les mortiers anglais que l'on tire tout de suite avec de fortes charges ont les lumières tellement élargies qu'ils ne peuvent plus servir; dans la chambre le métal fond.

1758. Au camp de Dülmen, une pièce hanovrienne en bronze éclate quand on tire le coup de canon qui annonce la retraite.

1760. Dans l'artillerie anglaise beaucoup de pièces en bronze sont mises hors de service.

Dans un bastion de Breslau il éclate une pièce nommée *le Sanglier*, pesant 87 quintaux.

1763. Deux pièces de 8 en fonte, qui avaient été coulées pleines, éclatent à bord d'une frégate française.

Sur cinquante-six pièces de 8 il en éclate sept à Toulon.

1764. Dans des expériences faites en France, les mortiers de l'année 1732 se montrent très-peu résistants.

1772. En France, une pièce de 24 de l'année 1765 ne résiste que 5 coups.

1779. Bünau, dans son *Instruction approfondie sur l'artillerie*, dit que la pièce éclate quand la poudre a été fabriquée avec des liqueurs acides.

Les Français entourent leurs canons avec de la toile qu'ils tiennent humide, en partie pour les rafraîchir, en partie aussi pour empêcher la dispersion des morceaux des pièces qui éclatent.

1781. Devant Gibraltar, les canons de bronze se détériorent fortement, et l'on est souvent obligé de les remplacer par de nouveaux.

1785. A Strasbourg, lors de l'épreuve, plusieurs canons en bronze éclatent et tuent trois artilleurs.

1786. Les pièces de 12 en fonte coulées en Prusse présentent peu de résistance.

1787. A Utrecht, un mortier de 50 se crevasse tout autour de la chambre.

1793. A la bataille de Famars, les orifices de lumière de l'artillerie hanovrienne s'agrandissent tellement que les pièces ne peuvent plus être employées.

Devant Valenciennes, trois machines furent constamment en activité pour remplacer les grains de lumières endommagées.

1794. Au bombardement de l'Ecluse quatre pièces de 12 en bronze se crevassent sous une charge ordinaire, au deuxième renfort et à la culasse.

1795. Devant Nimègue une pièce en fer éclate,

Devant Saint-Elme et Rosa, l'artillerie française montre une très-faible résistance.

Dans une redoute devant Mannheim, deux mortiers en bronze de 12 pouces coulés à Paris éclatent et tuent huit hommes.

1796. Les pièces françaises en bronze présentent de nouveau très-peu de résistance, et Lamartillère croit qu'au rétablissement de la paix en France, 1410 pièces devront être refondues comme entièrement hors de service.

Dans le siége de Kehl, cinq des six canons de siége de

18 appartenant aux Autrichiens, et dix-neuf des vingt-neuf canons de 12 en bronze se fendent vers la bouche et sur une grande étendue par suite de battements intérieurs.

1805. A Trafalgar, deux pièces en fer éclatent à bord de la frégate française *le Redoutable*.

1807. A Colberg, une pièce en fer éclate.

Les pièces de 3 pesant 40 kilogrammes sont essayées dans l'artillerie française. Une d'entre elles est hors de service au 624e coup et éclate au 640e. Ces piècess ont très-échauffées après le tir.

Devant Copenhague, sur la flotte anglaise, un mortier de 13 pouces éclate.

1809. En Espagne, quatre canons français de 24 éclatent sous une charge de 9 livres.

Sur la flotte suédoise plusieurs pièces en fer éclatent.

1810. Près de Dartein, dix nouveaux mortiers à plaque éclatent lors de l'épreuve.

En Espagne, une pièce anglaise en fer éclate.

1811. Les mortiers de Villantrois, de 9 et 11 pouces, sont, d'après les expériences de La Fère, mis hors de service au bout de 60 coups.

Au premier siége de Badajoz, les Anglais se servent de quarante pièces portugaises en bronze qui, sous des charges pesant le 1/3 du poids du boulet et avec des intervalles de huit minutes entre les coups, sont bientôt hors de service.

1813. Devant Dantzig, cinq pièces en fonte anglaises éclatent.

Devant Torgau, une pièce en fer coulée en Silésie éclate.

1814. Lors de la défense des forts Bawyer et Luisiana, une pièce en fer éclate.

1815. Sur cinq cent sept canons fondus à Strasbourg,

de 1813 à 1815, cent quatre-vingt-cinq se déforment lors de l'épreuve.

1818. Des expériences faites à Vienne montrent que les pièces de bronze peuvent être détruites par un tir rapide, au bout d'un petit nombre de coups.

1820. A la Fère, une pièce suédoise de six saute après 747 coups, et une pièce de douze après 259.

Une pièce française de six résiste à 813 coups et une pièce de 24 saute au 391° coup.

1821. A Dover-Castle, pendant un salut, une pièce anglaise en fer éclate.

1824. A Gibraltar, une pièce en fer saute et tue trois artilleurs marocains qui étaient venus pour apprendre à tirer.

A Gleiwitz, une pièce de douze saute après 6 coups et sous la charge de 4 livres.

Des essais faits à Vincennes montrent que la poudre des nouveaux procédés détruit les pièces de bronze.

1827. A Toulouse, plusieurs pièces de vingt-quatre en bronze éclatent.

A Vincennes, une pièce de huit en bronze éclate et tue un canonnier; quatre autres pièces sont bientôt détruites ainsi qu'une autre nouvelle ; enfin 3 pièces de douze et 12 de huit sont crevassées, l'une après 3 coups, deux autres après 7, et le reste après 12 coups ; huit nouvelles pièces après 6 coups se dilatent de 22 points à l'emplacement du boulet.

1828. Sur la frégate *la Provence*, une pièce française saute ; la même chose arrive au Havre.

A Carron, trois pièces de bronze éclatent par un froid rigoureux dans une salve de signal.

1831. A Ruelle, l'évasement des orifices de lumière

d'une pièce de dix-huit atteignit 6 lignes au bout de 107 coups.

1832. Devant Anvers un canon en bronze éclate. L'explosion est tellement forte qu'une galerie de mine éloignée de 250 pas s'écroule à peu près.

Plusieurs autres canons en bronze se crevassent; après 80 coups (6 ou 7 à l'heure), plusieurs pièces de vingt-quatre étaient perdues par des crevasses et des égueulements. ·

A bord d'un bâtiment de guerre danois, une pièce de dix-huit éclate et tue plusieurs personnes.

Sur la flotte suédoise, un canon en fer, qui avait déjà une gerçure, éclate.

Sur la flotte anglaise, un canon éclate et tue 24 hommes.

Depuis 1820, il n'a éclaté que deux canons en fer sur la flotte russe.

Pendant le siége d'Anvers, sur 32 canons français de vingt-quatre en bronze, 14 furent mis hors de service.

1833. Le mortier-monstre éclate après 61 coups. Un éclat pesant 3,000 livres est lancé à 30 aunes de hauteur et à 40 de distance.

Dans les recherches que Maguin fit en France pour trouver la meilleure poudre pour la marine, un canon court et un canon long de trente en fer éclatent, etc.

---

3. Les résidus nuisibles liquides et solides de la poudre dans les armes à feu.

Les résidus liquides et solides de la poudre, qui se produisent lors de sa combustion dans l'âme de toutes les armes à feu, et s'étendent par couches sur leurs parois intérieures, doivent être rangés parmi les plus grands désavantages de cette préparation à tirer.

Ils ne contribuent absolument en rien à augmenter la force de la poudre ; ils sont au contraire des compagnons incommodes de l'effet de la poudre que l'on est obligé d'admettre par-dessus le marché dans l'emploi de ce moyen de projection.

On doit même ici considérer comme un grand bonheur que le résidu tout entier de la poudre ne reste pas dans l'âme des armes à feu, car autrement l'emploi de la poudre serait soumis à des difficultés infinies.

Comme on l'a déjà dit, tout le résidu de la poudre qui brûle dans un milieu fermé est, d'après les recherches les plus récentes, de 68,6 p. 100.

D'après cela, la poudre ne contient dans toute sa masse que 31,4 p. 100 de matières agissant et formant des gaz expansibles, et les 68,6 p. 100 restant forment par conséquent une masse de poudre inutile, sans effet, d'une action nuisible et incommode, qui augmente le volume et le poids au détriment de la masse utile.

D'après ces données, il y a dans chaque poudre pendant toute la durée de son existence, c'est-à-dire pendant son emmagasinage, son transport et son emploi en munitions, plus des 2/3 de la quantité qui sera inutile, sans effet, d'une action nuisible et incommode, ce qui, sans compter les frais de production, augmente au moins des 2/3 les frais d'emmagasinage, de transport et d'emploi en munitions.

En face de ces graves inconvénients qu'on ne peut méconnaître, on accueillerait certainement avec joie tous les moyens qui permettraient d'y remédier.

Cependant, dans la longue histoire de la poudre à tirer, l'on ne rencontre aucun moyen semblable ; aujourd'hui même, après les progrès les plus récents de la chimie, on pourrait bien ne pas encore le découvrir. On est donc autorisé à dire que la poudre à tirer ne répond ni aux principes du meilleur emploi possible des forces, ni aux exigences économiques, et qu'un moyen de projection dont on peut à peine utiliser le tiers de la force, abstraction faite de ses autres avantages et inconvénients, ne sera certainement pas dans l'avenir employé généralement, surtout à la guerre, où l'économie des forces est nécessaire au plus haut degré.

Le *résidu de la poudre* porte en outre préjudice à tout l'effet utile que celle-ci peut produire, car :

1° Pendant la durée de la combustion de la masse de poudre, il enlève aux gaz actifs une quantité notable de la chaleur développée, et diminue par là leur force d'expansion.

2° Il oppose aux gaz une résistance qui doit être vaincue et qui, par conséquent, absorbe inutilement une partie de la force effective correspondante à la masse du résidu.

Dans la combustion de la masse de poudre, le résidu, sous l'action de la chaleur, est en grande partie converti en vapeur ou en fumée et lancé hors du canon, tandis que la portion qui reste se dépose toujours sur les parois plus froides de l'âme, et forme dans le canon les résidus incommodes liquides et solides dont il a été déjà question.

On a l'habitude d'appeler *résidu absolu* le résidu qui se produit en général quand la poudre brûle dans un milieu fermé, et qui s'élève, comme on l'a dit, à plus des deux tiers du poids de la poudre, tandis que l'on nomme *résidu relatif* la quantité de ce résidu qui reste réellement dans les armes à feu.

D'après la théorie de la combustion de la poudre, il ne devrait se produire que 40,74 0/0 de résidu absolu. Mais toutes les conditions supposées par la théorie n'ont pas lieu dans la combustion réelle de la poudre, c'est pourquoi le résidu sera d'autant plus grand que ces conditions seront moins remplies.

Pour cette raison aussi, le résidu n'est pas un *sulfure de potassium* pur, mais il se compose de sels différents déjà nommés précédemment.

En effet, certains grains de poudre contiennent proportionnellement un peu plus de soufre, d'autres un peu plus de charbon ou de salpêtre: les premiers donnent, avec le *sulfure de potassium*, un peu de *soufre*, ainsi que de l'*acide sulfurique* et du *sulfite de potasse*, tandis que les grains plus riches en charbon fournissent du *carbonate de potasse*, un peu de *charbon*, etc. De leur côté les grains qui contiennent plus de salpêtre ne sont pas complétement décomposés et donnent un peu d'*azotate de potasse*, etc.

Si l'on voulait, comme on l'a proposé et essayé déjà bien des fois, bannir entièrement le soufre de la poudre, le résidu, loin d'en être diminué, ne ferait qu'augmenter encore.

La poudre sans soufre, dans laquelle le salpêtre et le charbon sont dans le rapport de 5 à 1, donne bien un mélange qui brûle vite et qui pourrait presque tenir lieu de poudre ordinaire, mais la combustion se fait pourtant trop lentement pour un emploi avantageux de la poudre dans les armes à feu. Une grande partie de la masse gazeuse utile forme en outre une combinaison solide avec la potasse du salpêtre, et elle est pour cela irrévocablement perdue pour l'effet.

Le *résidu relatif* de la poudre monte environ à 17 0/0. Sa quantité varie du reste avec la nature de la poudre, avec le calibre et la longueur de l'arme à feu, avec les circonstances atmosphériques, etc. On n'a fait jusqu'ici

aucune expérience décisive sur toutes ces circonstances.

Le résidu relatif reste, après le tir, dans l'âme des
armes à feu, et la plupart du temps sous forme d'une
couche très-mince; l'expérience montre qu'il est d'autant
moindre que la combustion est plus rapide, que la pe-
santeur de l'arme est relativement moindre et que le vent
est plus grand, etc. Sa composition chimique change
très-rapidement au contact de l'air atmosphérique.

Si l'on retire le résidu immédiatement après le coup,
il apparaît sous forme d'une masse grise. A l'air, cette
masse prend bientôt une teinte jaune-verdâtre, et répand
l'odeur désagréable des œufs pourris. La substance, d'a-
bord sèche et d'un goût piquant, se liquéfie bientôt et
acquiert un goût désagréable. Cette transformation est
d'autant plus rapide que l'atmosphère est plus humide.

Plus la quantité de résidu est grande, plus sa teinte
est claire et plus il devient foncé après la liquéfaction ; au
contraire, moins il en reste dans le canon, plus sa teinte
est jaunâtre et plus il reste clair quand il devient
liquide.

Le résidu de la poudre a un effet pyrophorique. Si,
après plusieurs coups tirés rapidement les uns à la suite des
autres, on enlève, en grattant, le résidu qui s'attache aux
parois de l'âme avant qu'il soit devenu humide, puis qu'on
en enveloppe environ 1/2 once dans du papier humide
ou de l'étoupe, sa température s'élève souvent très-régu-
lièrement, et au bout d'un quart d'heure une inflammation
a lieu.

L'inflammation spontanée des charges dans les armes
à feu ne doit pas ordinairement être attribuée au résidu
qui, se déposant sur les parois de l'âme, ne s'échauffe pas
vraisemblablement jusqu'à la température de l'inflamma-

tion à cause de la bonne conductibilité du métal du canon.

Toutefois, on connaît des inflammations spontanées produites par le résidu de la poudre.

D'après Léonhard Fronsperger (Livre de la guerre, 1555), elles ont lieu surtout avec la mauvaise poudre qui laisse un grand résidu.

Le Dr Meyer dit : « Il est hors de doute que le résidu de la poudre est le principal agent de destruction des canons et que le résidu recueilli sur les pièces de bronze contient jusqu'à 4 0/0 de sulfure de cuivre. »

Le résidu de la poudre est encore un des principaux désavantages de cette préparation à tirer, parce qu'il oblige à donner au diamètre de l'âme de la pièce une dimension plus grande que celle du diamètre du plus grand boulet destiné au canon. Il devient par conséquent la cause principale du *vent*, qui est très-préjudiciable à l'effet des armes à feu.

Comme le résidu de la poudre s'accumule à chaque coup par couches superposées contre les parois de l'âme, il en résulterait bientôt, même avec un vent dispropor-tionnellement grand, un tel rétrécissement de l'âme du canon que l'introduction du projectile, et par consé-quent la charge, deviendrait impossible.

Pour obvier, du moins en partie, à cet inconvénient, on a l'habitude de nettoyer, après chaque coup, l'âme des pièces avec l'écouvillon. Mais, malgré le nettoyage, il reste toujours, après chaque coup, une partie du résidu dans l'âme. Il faut donc, au bout d'un certain nombre de coups, nettoyer la pièce avec l'écouvillon humide, et dans ce but on porte, dans plusieurs artilleries, des vases pla-cés sous l'affût, ou bien on est forcé d'augmenter encore le vent aux dépens de la force de projection et de la jus-tesse du tir, afin de n'avoir besoin d'écouvillonner qu'a-près un grand nombre de coups.

En France, on diminua, en 1792, le calibre des balles, parce que les fusils s'encrassaient à tel point qu'il devenait impossible de continuer à charger avec des balles employées précédemment.

A cause de l'encrassement du canon produit par le résidu fàcheux qui, comme on l'a dit tout à l'heure, n'est pas facile à enlever complétement de l'âme avec un écouvillon sec, non-seulement un vent approprié sera nécessaire, qui rendra inutile une partie de la force de la poudre, mais encore il se produira à chaque coup un effet inégal des gaz de la poudre sur le projectile, parce que l'épaisseur de la couche du résidu qui s'attache aux parois de l'âme change à chaque coup.

Dans les armes à feu rayées, le résidu de la poudre est un hôte encore plus incommode que dans les armes lisses. Il se loge en grande partie dans les diverses rayures et surtout dans les arêtes des rayures, et ne s'en laisse détacher que beaucoup plus difficilement par l'écouvillon.

Dans les petites armes, où les rayures n'ont souvent qu'un douzième de ligne de profondeur, la crasse laissée par la poudre rendrait bientôt lisse l'âme du canon, si l'on ne pouvait remédier en quelque sorte à cet inconvénient par la construction du projectile et par la manière dont les balles se comportent dans l'âme lors du tir.

Quoi qu'il en soit, le résidu de la poudre a souvent encore plus de désagréments et d'inconvénients dans les armes à feu de petit calibre que dans les canons.

Dans les fusils et les canons qui se chargent par la culasse, les résidus liquides et solides de la poudre sont surtout gênants, parce qu'ils s'accumulent très-fortement dans l'âme par suite de la fermeture presque complète du vent par le projectile.

Quelque simples et ingénieuses que soient les pièces de culasse des armes à feu qui se chargent par la culasse, le résidu de la poudre se déposera toujours pendant le tir contre cette partie de l'arme, et rendra nécessaires un grattage, un lavage et un nettoyage qui demandent du temps et des hommes.

Il est bon de connaître suffisamment combien ce compagnon inutile et gênant de l'effet de la poudre est désagréable pour les servants de la pièce. Non-seulement le canon, l'affût et le refouloir, mais encore l'uniforme, les mains et même le visage des hommes dans les jours où l'air est très-humide, sont, au bout de quelques coups, graissés et salis. La couleur foncée de l'uniforme des artilleurs n'est qu'un palliatif très-précaire de cet inconvénient. Avec quelques pièces, on est même forcé d'envelopper d'une manière particulière le bras de l'homme qui charge la pièce afin de ménager son uniforme.

Enfin le résidu liquide de la poudre est également nuisible aux projectiles pourvus de fusées. Les mèches sont amorcées par une étoupille ou du pulvérin, qui peuvent facilement, pendant la charge, quand le refouloir est sali, devenir humides et perdre leur action, et alors les projectiles manquent complétement leur but.

---

4. Les inconvénients de la fumée de la poudre relativement à la liberté de la vue et au pointage.

La portion du résidu absolu qui, dans la décharge, est expulsée de l'intérieur de l'arme à feu, apparaît devant elle sous la forme d'une fumée épaisse gris-blanc.

Pour expulser hors de l'âme cette portion très-considérable du résidu, il faut non-seulement une partie notable de la force de la poudre, force évidemment perdue pour le projectile, mais encore une haute température pour convertir ce résidu en fumée, température qui pourrait être employée à augmenter la force expansive des gaz de la poudre.

Ce ne sont pourtant pas là, relativement à la fumée, les seuls inconvénients de la poudre à tirer, lesquels, pris à part, pèsent d'un grand poids dans la balance.

La fumée de la poudre qui se forme au moment du tir enveloppe les tireurs ou la batterie dans un nuage de fumée et donne à l'ennemi la possibilité, non-seulement de découvrir avec précision à de grandes distances le lieu où la batterie est établie, mais encore de se garantir de l'effet des coups pour peu qu'il ait dans son voisinage des objets propres à le couvrir. En effet, après l'apparition de la fumée au moment du tir, le projectile parcourt l'espace qui sépare l'ennemi des tirailleurs ou de la batterie et va, suivant la distance, frapper plus ou moins tôt le but. S'il y a là un observateur qui aperçoive à temps la fumée, il lui suffit de se baisser au-dessous d'un parapet, et les projectiles ou la salve entière de la batterie sont perdus sans effet.

Très-fréquemment on met à profit cette mesure de précaution dans les retranchements, comme le meilleur moyen de protection pour la troupe qui les occupe.

Après quelques coups tirés de suite, l'emplacement de la batterie est, comme on le sait, enveloppé dans un nuage de fumée qui fait qu'on ne voit pas grand'chose et la plupart du temps plus rien du tout de l'ennemi sur lequel on tire.

Le pointage des pièces, l'appréciation de la distance et l'observation de l'effet du tir, toutes choses sur lesquelles le commandant doit avoir l'œil s'il ne veut pas brûler sa poudre en vain, deviennent par conséquent illusoires.

La fumée de la poudre nuit encore bien davantage à l'effet des pièces, quand elle est poussée par le vent dans la figure des hommes.

Il n'est pas difficile de voir que dans cette occasion la batterie aura beaucoup à souffrir de l'ennemi. Il peut même arriver alors que l'ennemi se glisse presque inaperçu dans la batterie et l'enlève.

C'est surtout dans l'emploi du canon dans les casemates que les inconvénients de la fumée de la poudre sont le plus sensibles.

Dans une expérience faite à Komorn, en 1853, la casemate était déjà au quinzième coup tellement remplie de fumée que le pointage précis devenait impossible. On fut alors obligé de ralentir le feu accéléré que l'on voulait étudier, pour ne pas tirer à faux et causer ainsi des accidents aux environs.

Au vingt-quatrième coup, la fumée de la poudre avait amené dans les casemates une obscurité telle que les canonniers servants placés en face l'un de l'autre, et même des personnes qui n'étaient qu'à quelques pas de distance les unes des autres, ne pouvaient plus se voir.

---

5. Les gaz délétères dans la combustion de la poudre dans des lieux fermés.

Quand on fait brûler de la poudre dans un endroit clos, non-seulement il s'y accumule de la fumée ou vapeur de poudre, mais encore les gaz transparents qui produisent la force de projection de la poudre s'y répandent en si grande quantité qu'ils deviennent extrêmement nuisibles pour les yeux et les organes de la respiration des assistants. Pour s'en convaincre, il suffit de brûler quelques onces de poudre dans une chambre de moyenne grandeur; on remarque en outre que l'aération de la chambre, c'est-à-dire l'évacuation de la vapeur de poudre et des gaz irrespirables, n'a lieu que très-lentement.

La *fumée de la poudre* se compose des produits solides de la combustion de la poudre, qui dilatés par la chaleur flottent dans l'air dans un état de division extrême, et de quelques-uns des produits gazeux qui attirent l'humidité de l'air dont ils sont très-avides et se montrent sous forme de vapeur.

La nature et les quantités relatives de ces produits ont déjà été indiquées, et l'on peut facilement en conclure que, si on les respire, ils sont loin d'être avantageux à la santé.

Les gaz résultant de la combustion qui ont été également déjà nommés sont irrespirables; quelques-uns d'entre eux, introduits en quantité suffisante dans les organes respiratoires, y agissent comme des poisons mortels, et en quantité moindre ils sont dans le cas de produire des malaises, des vomissements et des coups de sang, etc.

On peut mentionner ici à l'appui un événement qui se passa lors des expériences faites dans la citadelle de Komorn en 1853.

Au 24ᵉ coup, le séjour de la casemate était déjà devenu très-incommode. Outre l'embarras dont les membranes muqueuses avaient déjà été frappées, on se sentit au 42ᵉ coup la tête prise « comme dans l'état d'ivresse »; au 46ᵉ, l'homme chargé de l'écouvillonnage parut fatigué, et fut à cause de cela renvoyé aussitôt de la casemate. En revenant à l'air frais, il tomba par terre sans connaissance; des symptômes nerveux se déclarèrent chez lui, en même temps qu'il se roulait par terre au milieu de violentes convulsions. Les médecins présents et ceux que l'on appela déclarèrent qu'il y avait eu un commencement d'asphyxie, et qu'un séjour prolongé dans la casemate aurait pu compromettre la vie de cet homme. Le canonnier qui remplaça cet homme dans la casemate éprouva de même, en y entrant, un malaise subit, et fut obligé de s'en retourner aussitôt. Aux questions qu'on leur fit, les hommes de service déclarèrent que, vers les derniers coups, le séjour de la casemate avait été extrêmement désagréable et incommode.

Quelques-uns des gaz résultant de la combustion de la poudre peuvent être enflammés une seconde fois; tels sont notamment l'*hydrogène*, l'*hydrogène sulfuré*, et le gaz *oxyde de carbone*, qui forme à peu près les 4 pour cent de la quantité absolue des gaz de la poudre.

Ces produits de la combustion de la poudre, qui sont sous forme de vapeurs et de gaz, sont très-incommodes même en plein air, quand ils sont en grande quantité; mais ils sont surtout nuisibles dans les lieux clos ou difficiles à aérer, comme, par exemple, dans les lieux casematés, sur les vaisseaux, dans les galeries des mines..., etc., comme le démontre le cas cité plus haut.

Dans la construction des casemates, on s'efforce, autant que possible, de remédier à ces inconvénients en exhaussant la voûte par derrière et en donnant issue à la fumée et aux autres gaz par des tuyaux ou des ouvertures pratiquées dans la couverture ou au-dessus de l'entrée... etc.; mais il est d'autant plus difficile d'arriver à un résultat sérieux que la densité de ces vapeurs et de quelques-uns de ces gaz est plus grande que celle de l'air atmosphérique.

Il y a déjà longtemps que l'on est parfaitement con-

6.

vaincu de ces inconvénients, car, dans un manuscrit allemand sur l'artillerie, de 1445, il est dit que la vapeur est malsaine et qu'elle oblige à éternuer quand on la respire.

---

6. Les gaz inflammables de la poudre et l'inflammation spontanée des cartouches dans le chargement des armes à feu.

Dans le paragraphe précédent, on a déjà cité le gaz hydrogène, le gaz hydrogène sulfuré et le gaz oxyde de carbone, comme étant les gaz inflammables de la poudre.

Ces gaz peuvent s'enflammer en présence de l'air, au contact d'un corps en ignition, et former, en brûlant, de l'eau, de l'acide sulfurique et de l'acide carbonique. Ils restent aussi en partie après la décharge dans l'intérieur du canon, sont comprimés à la charge suivante, si l'on bouche la lumière, et peuvent amener par là une inflammation spontanée de la charge, quand il se trouve dans l'âme du canon des débris en ignition de la substance de la gargousse. Il est reconnu que ce cas s'est présenté souvent surtout avec de vieilles pièces d'artillerie, dont le grain de lumière avait déjà peut-être d'importants égré-nements.

On démontre d'une manière très-simple la présence des gaz inflammables dans les endroits où l'on brûle de la poudre, en faisant détoner une quantité déterminée de poudre dans une bombe et en enflammant ensuite le mélange de gaz qui reste dans cette dernière.

Il ne faut pas s'attendre néanmoins à ce que ces gaz inflammables, au contact de corps en ignition, occasionnent chaque fois l'inflammation spontanée de la gargousse; car il faut pour cela :

1° Une quantité suffisante de ces gaz ;

2° La présence de l'oxygène ou de l'air atmosphérique ;

3° Un contact immédiat de la charge de poudre, qui, placée ordinairement dans des sachets, se trouve ainsi à l'abri de la flamme.

L'histoire rapporte pourtant un grand nombre de cas d'inflammations spontanées des charges que l'on explique de la manière citée plus haut, et tout vieux soldat, mais surtout un artilleur, en aura observé de semblables dans sa propre vie.

Pour éviter des inflammations spontanées qui avaient lieu fréquemment, on introduisit en Portugal et en France, en 1679, les écouvillons à brosse; mais les chambres des canons étaient difficiles à nettoyer avec eux, de sorte qu'il arrivait encore beaucoup d'accidents.

A côté de ces documents relatifs à l'inflammation spontanée des cartouches, on peut encore mentionner les données historiques suivantes :

1625. A Thorn, un coup part de lui-même à l'introduction du refouloir.

1813. Les vieilles pièces françaises encampannées de Keller sont alésées, parce qu'avec elles il arrivait de fréquentes inflammations spontanées.

1824. D'après des expériences anglaises, quand on tire 20 coups avec double charge à l'intervalle de cinq minutes, les canons en fonte deviennent tellement chauds qu'il est dangereux de continuer le feu.

1831. En Suède, on observe dans plusieurs armes à percussion, des inflammations spontanées que l'on ne peut attribuer à des causes extérieures.

1832. Il se présente cette année-là trois exemples

d'inflammations spontanées dans des armes à percussion, qui ne sont pas occasionnées par un choc extérieur.

1850. A Mayence, dans un tir assez vif avec des cartouches de poudre ordinaire et de poudre-coton, un coup s'enflamme lors de l'introduction de la cartouche dans le canon.

1852. Dans une manœuvre, à Vérone, un coup part de lui-même à l'introduction de la cartouche.

1862. Dans un exercice, à Vienne, une charge s'enflamme spontanément.

---

7. Altération de la munition par l'humidité et les secousses dans le transport.

La poudre employée en munitions est exposée à tous les inconvénients dont nous avons parlé dans le transport et l'emmagasinage de la poudre, et qui sont dus à l'humidité et aux secousses dans les marches.

Seulement, l'altération est dans ce cas beaucoup plus rapide, parce que, dans les marches et à la guerre, on n'est pas à même d'observer les précautions que l'on prend dans les magasins et les transports.

Les gargousses ou les cartouches ont beau être bien confectionnées, la poudre y sera toujours fortement secouée pendant les marches, et il en résultera un frottement des grains les uns contre les autres. C'est là ce qui occasionne la formation du poussier qui s'accumule dans les intervalles des grains et diminue la cohérence de la charge de poudre. Cet inconvénient une fois produit, la réduction de la poudre en poussier fait des progrès rapides, parce que les secousses du transport peuvent agir avec plus d'intensité sur la poudre déjà moins tassée.

Il arrive alors que la cartouche s'élargit aussi, et quelque bien collée qu'elle soit, quelque bien faites que soient ses sutures, le poussier finit par trouver une issue.

La formation du poussier une fois survenue, le pouvoir absorbant de la poudre pour l'humidité augmente aussi rapidement, bien qu'à l'origine les cartouches soient protégées par différents enduits contre l'humidité.

La munition est-elle promenée longtemps sans trouver d'emploi, la poudre se détériore dans les cartouches à tel point qu'elle est loin de produire l'effet attendu et rend ainsi d'avance illusoire la portée de l'arme à feu.

En 1815, des expériences anglaises prouvèrent que des munitions qui avaient été transportées pendant un an, donnaient des portées beaucoup plus courtes que des munitions neuves. Dans les obus, on fut même obligé de renforcer la charge d'un quart.

Le poussier s'est-il formé dans les cartouches et a-t-il ainsi déterminé l'attraction de l'humidité, l'altération complète de la poudre a bientôt lieu, ainsi que la conversion en pâte ou en grumeaux des grains isolés. D'après ce qui a déjà été dit, il n'est pas besoin de preuves spéciales pour montrer que de la poudre ainsi altérée ne doit produire que des effets médiocres et tout à fait inégaux.

Outre ces désavantages, une poudre à tirer qui contient des grumeaux et du poussier fournira un très-grand résidu et souvent aussi deviendra très-dangereuse pour les hommes de service, quand le poussier tamisera à travers les sacs ou les cartouches.

Avec des gargousses, même très-solidement emballées, il peut arriver que pendant le transport les sacs se délient ou s'usent par un frottement extérieur. Alors la poudre tamise, la cartouche devient incapable de servir et le poussier amène à un haut degré les dangers dont il a été question lors de l'emmagasinage et du transport de la poudre.

Il va de soi qu'à la guerre des troupes isolées ne peuvent pas toujours arriver sur le champ de bataille avec des munitions récemment préparées. Or, selon que celles-ci auront été déjà plus ou moins longtemps traînées à la suite de différents détachements, leur effet sera, d'après ce que l'on a dit, plus ou moins loin d'atteindre le but que l'on en attend, et l'on pourrait ainsi expliquer, en partie du moins, toutes ces particularités dont on cherche souvent les causes dans un mauvais pointage, des armes de fabrication défectueuse, de fausses appréciations de distance, etc.

LES MOYENS D'AMÉLIORER LA POUDRE A TIRER ET DE DIMINUER SES DANGERS.

Il faut compter au nombre des grandes améliorations de la poudre le dosage le mieux approprié de ses éléments, leur mélange plus intime, l'absence de corps étrangers dans ces éléments, et surtout le grenage de la poudre et les autres perfectionnements apportés dans sa fabrication.

Un progrès important dans l'utilisation de la poudre a été son emploi dans des sacs à gargousses, l'invention de la cartouche allongée et la distinction de la poudre en faible ou forte, selon que sa combustion est rapide ou lente.

Des améliorations, autres que celles que l'on vient de nommer, ont été dans le cours du temps plusieurs fois essayées et proposées, mais elles n'ont pas donné de bons résultats.

Dans ce nombre on peut toujours ranger la suppression du soufre, le remplacement du charbon par d'autres substances contenant du carbone, l'emploi de la gomme pour réunir les éléments, l'arrosage de la matière avec de l'esprit-de-vin et de l'éther, l'emploi d'autres sels de salpêtre à la place de l'azotate de potasse, l'addition de chaux et d'autres substances, etc.; essais dans lesquels la poudre, au lieu de s'améliorer, perdait de sa force dans la plupart des cas, devenait plus hygroscopique, fournissait plus de résidu ou s'altérait complétement au bout de quelque temps.

L'emploi du chlorate de potasse, du fulminate de mercure, etc., pour donner plus de force à la poudre, a été reconnu inapplicable, extrêmement nuisible et très-dangereux.

Les moyens indiqués par Piobert et Fadéieff pour diminuer les dangers des explosions de la poudre sont intéressants. Le premier dit :

« Les dangers qu'offre la poudre depuis le moment de sa fabrication jusqu'à celui de son emploi dans les armes à feu, ont fait chercher à divers intervalles les moyens de remédier à ce grand mal, ou bien par un système de conservation qui éloignerait les accidents possibles, ou bien par des modifications dans les procédés de fabrication. »

La conservation de la poudre en galettes diminuerait certes considérablement les effets destructeurs lors d'une inflammation, mais il faudrait, au moment de l'emploi, casser ces galettes, les grener, égaliser, etc., ce qui, outre la perte de temps, serait encore dangereux. Un autre moyen, proposé par Piobert, pour diminuer les effets des explosions, consiste à remplir de poussier les intervalles des grains de poudre ; de cette manière, on a une galette d'une autre forme, qui brûle tout aussi lentement qu'une galette ordinaire, et qu'il reste seulement à débarrasser du poussier par un tamisage, pour lui rendre ses propriétés balistiques. On peut remplacer le poussier par du salpêtre pulvérisé, du charbon ou du soufre, qui diminuent encore l'inflammabilité du mélange.

Dans un mémoire présenté en 1844 à l'Académie royale des sciences, Fadéieff disait :

« On connaît généralement les dangers qu'entraîne la conservation de grandes quantités de poudre de guerre. Jusqu'à présent l'administration a mis tous ses soins à éloigner toutes les causes qui pourraient amener une

explosion, et l'on sait que les mesures de précaution employées n'ont pas toujours été suffisantes. »

Pour trouver les moyens de rendre inoffensives les explosions de poudre, Fadéieff poursuivit l'idée donnée
par Piobert, et remplit les espaces libres entre les grains
de poudre avec un mélange de parties égales de charbon
de bois bien pulvérisé et de graphite. Un baril de poudre,
qui pouvait contenir 49 kilogr. de poudre, fut rempli
avec 33 kilogr. de poudre en grains, que l'on mêla à la
main avec le mélange indiqué et que l'on tassa ensuite
par couches dans le baril. Le fond supérieur du baril
ayant été enlevé, on enflamma le mélange, qui brûla jusqu'au fond sans explosion et uniformément, à peu près
en 71 secondes. La longueur de la gerbe de feu qui sortait
par l'ouverture du baril avait environ 6 pieds; on pouvait sans danger se tenir à côté du baril ; et après l'entière combustion du contenu, il fut reconnu que le baril
pouvait encore servir.

La poudre ainsi mélangée doit, du reste, beaucoup
moins attirer l'humidité que quand elle est conservée
seule dans le baril.

On est obligé néanmoins avant d'employer la poudre,
de passer au tamis toute la masse qui se trouve dans
le baril pour enlever le mélange de charbon de bois
et de graphite en poudre, ce qui nécessite du temps et
des moyens, et ne peut se faire en tout cas sans que la
poudre en soit un peu altérée.

Nous devons dire enfin que, récemment, on a cherché
à réunir par compression, en une masse ayant la forme
des cartouches, la quantité de poudre nécessaire pour la
charge d'une arme à feu quelconque.

La poudre est, dans ce but, comprimée dans une
forme en cuivre qui correspond à la cartouche; puis,

pour la garantir, on passe à l'extérieur une couche de collodion ou de gomme laque.

Il faut conclure de tout ce que l'on vient de dire :

1° Que les trois éléments connus de la poudre n'ont pu être sans inconvénient remplacés par d'autres substances;

2° Que l'on n'a pas pu diminuer le résidu inutile et nuisible qui affaiblit considérablement l'effet de la poudre, mais que l'on ne fera que l'augmenter encore du moment que l'on dérangera les rapports exacts du dosage, ou qu'on ajoutera à la poudre d'autres substances;

3° Qu'avec une grande dépense de temps et d'argent on peut bien diminuer le danger des explosions, au détriment toutefois de l'effet de la poudre et encore seulement pendant l'emmagasinage. Si néanmoins pendant cet emmagasinage il survient une inflammation qu'on ne peut pas plus empêcher que lorsque la poudre est exempte de poussier, les provisions de poudre n'en sont pas moins entièrement perdues.

LES EXIGENCES D'UNE PRÉPARATION A TIRER PARFAITE.

C'est de la possibilité de se servir d'une manière inoffensive et avantageuse d'un moyen de projection que l'on peut aisément conclure les exigences d'une préparation à tirer convenable ; mais, ainsi que la poudre possède ses défauts propres, on aura de la peine à rencontrer une seconde préparation à laquelle on n'aura pas aussi à reprocher certains défauts qui lui seront inhérents.

Lorsqu'on veut essayer une nouvelle préparation à tirer et la comparer à la poudre, il devient d'une nécessité absolue de connaître exactement les conditions que doit remplir une préparation parfaite, et de prendre celle-ci comme unité pour estimer les valeurs de la poudre et de la nouvelle préparation, pour peser scrupuleusement leurs avantages et désavantages relatifs, et pouvoir ensuite prononcer un jugement impartial sur les bases d'une connaissance exacte. On doit connaître également ces conditions pour apprécier et pour reconnaître une nouvelle préparation à tirer fondée sur elles, ou pour en améliorer une qui existe déjà.

C'est dans ce but que nous allons donner les principales conditions que doit remplir une préparation à tirer.

1. On doit pouvoir se procurer partout et à bon marché les matières nécessaires à la préparation du moyen de projection et celui-ci doit en général revenir à un prix modéré.

Ce sont là des conditions économiques qui, sans être d'une importance extrême, ont pourtant une valeur relative.

Si les matières premières ne se rencontrent pas au lieu voulu, elles peuvent, comme on le sait, y être transportées facilement et à bon compte, d'autant plus que l'industrie possède actuellement les moyens les plus puissants pour accumuler à un moment donné, aux lieux désignés, les matières qu'on lui demande.

Un moyen de projection qui offre beaucoup d'inconvénients dans sa fabrication et sa conservation, pendant son transport et surtout lors de son emploi, doit être rejeté sans conditions à côté d'une autre préparation à tirer qui n'a point ces défauts ou qui ne les possède qu'à un faible degré, quand bien même on pourrait se procurer le premier à meilleur compte et sans préparation préalable.

2. Le moyen de projection ne doit pas être dangereux lors de sa fabrication, pendant sa conservation et son transport et quand on l'emploie.

Pour satisfaire à cette condition, il faudrait que la matière ne fut que difficilement inflammable par une élévation de température, et qu'elle ne pût être enflammée par les coups, les chocs et le frottement.

Cette condition semble être directement en contradiction avec celles données plus loin, d'après lesquelles le moyen de projection doit, pour produire le meilleur effet, s'enflammer et se décomposer rapidement en présence d'une étincelle; d'autant plus que toutes les matières connues jusqu'ici, qui s'enflamment avec vivacité et se décomposent rapidement avec explosion, sont facilement inflammables par les coups, les chocs ou les frottements.

On doit donc ici considérer en particulier :

(*a*) Si la matière explosible se réduit en poussier ou non ;

(*b*) Si sa préparation se fait par voie sèche ou humide.

Une préparation à tirer, telle que la poudre qui se fabrique par voie sèche, est soumise au plus haut degré, quand on la prépare et dans la suite, à donner du poussier et même à se réduire entièrement en poussière ; et à cause de cet inconvénient, sa fabrication, son emmagasinage, son transport, etc., sont, comme cela a été démontré par des exemples, accompagnés d'un grand danger. Cette préparation sera donc, d'après la condition posée plus haut, inférieure à une autre, qui serait entièrement ou en partie faite par voie humide, et qui ne se réduirait pas en poussière.

Il faut, en outre, pour apprécier une préparation à tirer, considérer si elle est de structure solide, dure et roide, ou bien si elle est molle, souple et élastique.

Une préparation molle, souple et élastique, sera naturellement toujours moins dangereuse pour les coups, les chocs et les frottements, qu'une autre dure, roide et solide.

3. **La matière explosible ne doit pas se réduire en poussière.**

On a déjà discuté suffisamment tous les défauts de la poudre à tirer sous ce rapport.

4. **La préparation à tirer ne doit point se détériorer pendant l'emmagasinage et le transport.**

On reconnaîtra que cette condition est certainement de la plus haute importance, si l'on pense qu'il faut travailler pour la guerre pendant la paix, et conserver souvent très-longtemps des provisions de poudre, afin de pouvoir, au moment de la guerre, en faire des munitions et les transporter.

La détérioration pendant l'emmagasinage et les transports peut provenir:

(*a*) De l'influence de l'air, et surtout de l'humidité qui y est contenue;

(*b*) De la formation du poussier.

La poudre ne répond pas à ces deux conditions; et, d'après Scharnhorst, la plus grande imperfection de la poudre à tirer consiste « dans les changements qu'elle éprouve, au point de vue de ses effets, sous l'influence atmosphérique. »

On a déjà montré précédemment que la poudre a beaucoup à souffrir de l'humidité de l'air et de sa réduction en poussier, et que l'emmagasinage aussi bien que le transport sont très-préjudiciables à ses effets.

5. La matière explosible ne doit pas offrir de dangers lors de la confection des munitions des armes à feu; et une fois qu'elle est dans les munitions, elle ne doit ni souffrir ni se détériorer dans les magasins ou le transport.

Cette condition est déjà en grande partie contenue dans les paragraphes 2, 3 et 4.

6. La préparation à tirer doit s'enflammer facilement par l'étincelle ou le feu de l'amorce, et brûler en même temps rapidement et avec un grand développement de gaz.

Cette condition, claire en elle-même, désigne en général la qualité principale d'une préparation à tirer.

. Une matière qu'une étincelle n'enflamme pas, ou qui, par un autre moyen, ne se décompose pas assez rapidement en se transformant en une quantité suffisante de gaz expansibles, est déjà, par cela même, tout à fait impropre comme matière à tirer.

7. La substance explosive doit, en outre, dans les armes à feu donner aux projectiles une grande vitesse initiale, c'est-à-dire posséder un effet balistique suffisant, sans rendre nécessaire aucun autre moyen artificiel.

Cette condition est déjà contenue en partie dans l'un des points traités précédemment, car si l'agent de projection fournit par sa combustion une très-grande quantité de gaz à une haute tension dans un court espace de temps, il ne s'agit plus que d'utiliser cette propriété pour le plus grand effet balistique possible par la bonne construction de l'arme.

La légèreté et la mobilité des armes à feu devant toujours être considérées comme une des conditions principales de leur construction, il devient nécessaire, à ce point de vue, d'exiger de la préparation à tirer les nouvelles conditions suivantes :

(*a*) Que cette préparation ne force pas à faire des canons démesurément longs et épais;

(*b*) Que le recul de ceux-ci ne soit pas trop grand.

Car si la préparation à tirer exigeait pour produire tout son effet des canons démesurément longs, ces derniers devraient être d'autant plus pesants qu'ils seraient plus longs; de même si, par suite d'une action trop violente de la préparation, il fallait donner trop d'épaisseur au métal du canon, celui-ci deviendrait trop lourd. D'un autre côté, la longueur du canon et le recul seront moindres pour une préparation agissant violemment que pour une autre d'effet plus lent; on n'arriverait, néanmoins, vraisemblablement pas à alléger l'arme en employant

7

cette composition d'effet violent, car si le canon diminue de longueur son épaisseur devra croître, à cause de l'effet plus brisant de la matière explosive. Pour n'avoir pas à trop augmenter l'épaisseur du métal, il faut ainsi diminuer d'une manière convenable l'effet de la **poudre**, ou bien choisir pour confectionner les canons une matière très-solide.

On arriverait pourtant à alléger le plus possible les canons des armes où l'on voudrait employer une composition d'effet violent, en s'efforçant de faire acquérir au canon pour une faible épaisseur de métal, la plus grande force de résistance possible.

Cette voie nouvelle : *augmentation de la force de résistance des armes par les soins apportés dans le travail du métal*, pourrait être suivie avec succès et conduire encore plus loin; c'est ce que l'on peut conclure de l'ouvrage de Longridge publié à Londres en 1860, sur « *la Construction des canons des armes et autres corps creux qui ont à résister à une grande pression intérieure*, et aussi de la note sur « *le Traitement des métaux, dans le but de donner aux canons des armes la plus grande résistance possible.* » (*Journal militaire autrichien*, 23ᵉ cahier).

Les exemples cités plus haut de l'éclatement d'un grand nombre d'armes indiquent que l'effet de la poudre serait déjà trop brisant, tant pour les armes en fer que pour les armes en bronze de fabrication ordinaire, et que l'on devrait renoncer, quand on choisit ces deux métaux et qu'on s'en tient à la fabrication ordinaire, à l'emploi de toute autre préparation à tirer notablement plus forte que la poudre.

Mais les écrits cités tout à l'heure démontrent clairement que, dans le mode de fabrication des armes jusqu'ici employé, on est loin d'avoir utilisé toute la résistance du métal, et que l'on peut construire avec le fer et le bronze, des canons qui possèdent le maximum de résistance et résistent même à l'emploi d'une préparation à tirer agissant violemment.

Maintenant, que l'on suive la route ainsi indiquée ou que l'on emploie l'acier fondu, dont la ténacité est très-grande, il sera possible d'employer un moyen balistique plus actif que la poudre à tirer, tout en satisfaisant parfaitement à ce principe fondamental de l'artillerie moderne, *légèreté et mobilité*, obtenues par le raccourcissement et l'allègement des canons.

Jusque-là pourtant, une préparation à tirer convenable devra satisfaire encore aux conditions suivantes :

8. L'effet de l'agent de projection sur les parois de l'arme ne doit pas être trop brisant, afin de ne pas occasionner de ruptures imprévues ou prématurées et de ne pas compromettre la vie des gens qui manient cette arme.

9. La préparation à tirer doit, employée dans les mêmes circonstances, sous la même forme et en même quantité, produire toujours des effets le plus possible identiques.

Si cette condition n'est pas remplie, on ne peut pas, avec une arme très-bien établie, avec la plus grande expérience du tir, atteindre le but qu'on se propose, le tir certain.

Il a déjà été démontré que la poudre à tirer ne satisfait pas entièrement à cette condition.

Il est intéressant d'entendre à ce sujet le jugement de Scharnhorst, qui dit :

« La plus grande imperfection de la poudre à tirer actuelle consiste : 1° dans son inégal effet dans des circonstances identiques, et 2° dans le changement qu'elle

7.

éprouve dans ses effets sous l'influence atmosphérique. »
Plus loin : « Les épreuves de poudre faites jusqu'ici nous
laissent tout à fait dans l'incertitude sur le dernier point,
et cela est cause qu'à la guerre presque toutes les armées
ont, de temps en temps, de la poudre complétement hors
de service. »

10. La préparation à tirer ne doit pas attaquer
chimiquement la matière du canon et la détruire
ainsi peu à peu.

11. Elle ne doit pas produire une de ces épaisses
fumées qui empêchent le pointage et la vue ; elle ne
doit pas non plus, par cette fumée et les gaz développés (gaz qui produisent la force de projection),
incommoder les hommes de service, surtout dans
les casemates, à bord des vaisseaux, etc., au point
de les empêcher de combattre ou d'altérer leur
santé.

12. La préparation à tirer doit, en agissant dans
les armes à feu, ne donner qu'un résidu aussi petit
possible, et mieux, n'y laisser aucun résidu.

On a déjà discuté, en parlant de l'emploi de la poudre
à tirer, jusqu'à quel point elle remplit ces trois conditions.

Le dernier point doit être considéré comme une condition essentielle d'une préparation à tirer convenable.

Le résidu qui adhère aux parois des armes à feu rend
indispensable un nettoyage très-soigné du canon, et il
peut, uni à d'autres défauts de la préparation à tirer, occasionner aussi une inflammation spontanée de celle-ci.

Ce résidu force en outre à donner un grand vent lors du
forage du canon, ce qui a pour conséquence la ruine pré-

maturée du canon, la diminution de la force de projection et par suite l'incertitude du tir.

Le résidu est enfin une masse très-incommode, inutile,
qui souvent, sous sa forme première, a été acheté cher,
longtemps conservé, mis en œuvre et transporté au loin ;
et qui vient ensuite, lors de l'emploi de la préparation à
tirer, diminuer notablement son effet utile, surtout lorsqu'à chaque coup, comme cela a lieu dans la poudre à
tirer, une grande quantité de résidu est projetée hors du
canon, etc.

CONCLUSION.

Les conditions que doit remplir une préparation à tirer convenable, conditions que les circonstances pourront
encore développer d'une manière considérable, ainsi que
les défauts de la poudre à tirer ordinaire que nous venons
de discuter, font ressortir suffisamment que ce dernier
agent balistique, surtout dans les canons rayés, ne peut
plus répondre parfaitement aux grandes exigences du présent. Dans les périodes antérieures de son existence, bien
des imperfections de cette préparation à tirer avaient déjà
été reconnues par tous les hommes qui s'étaient occupés
à examiner de près toutes ses propriétés; mais la chimie,
qui alors commençait à peine à devenir une science, n'of-
frait pas encore de moyens d'étudier avec soin les propriétés de la poudre à tirer; elle traitait la plupart du
temps cette préparation comme un corps qui ne lui ap-
partenait pas.

Les travailleurs isolés, qui cherchaient à analyser la
poudre, ne possédaient d'ailleurs pas les moyens suffisants
ni l'appui nécessaire pour pénétrer avec succès dans le
développement de la force mystérieuse de ce corps, et si
l'on considère combien sont incertaines les données sur la

force de la poudre et sur son développement, sur la quantité et la température des produits de sa combustion, il faut avouer qu'aujourd'hui même maintes propriétés de cette préparation merveilleuse sont encore dans l'obscurité. Quelque ingénieuse que puisse être la construction de certaines armes nouvelles, on ne peut jamais indiquer exactement d'avance toutes leurs proportions, à cause du manque de connaissances nécessaires sur l'effet d'une quantité déterminée de poudre qu'on y emploie. Pour arriver à modifier ou à adopter leurs dimensions, il faut toujours faire de longs essais qui demandent beaucoup de temps et beaucoup d'argent. Ainsi, les mots de Proust cités plus haut, pourraient bien ne pas être exagérés, au moins sous ce rapport.

Les perfectionnements de la poudre tentés çà et là ont le plus souvent échoué; et quant à l'exacte appréciation du mélange nécessaire, de la fabrication de la poudre et du développement de la force de cette préparation, on peut prédire que, même dans l'avenir, il sera sinon impossible, au moins bien difficile, de se débarrasser de toutes ces défectuosités inhérentes à la poudre ordinaire.

Cependant dans ces derniers temps on a découvert plusieurs substances qui, par explosion, produisent une quantité suffisante de gaz doués d'une grande force d'expansion, et qui n'ont pas les principaux défauts de la poudre à tirer.

Il est hors de doute que l'on parviendra à remplacer l'ancienne poudre à tirer, si défectueuse, par une de ces préparations. Une circonstance importante vient cependant sous ce rapport arrêter tout progrès : c'est l'usage si répandu de la poudre à tirer, et qui dure depuis si longtemps.

Malgré des explosions innombrables, malgré d'immenses malheurs et d'importants dommages que l'emploi de la poudre à tirer a occasionnés, cette préparation s'est acquis des droits presque inattaquables par une existence de plus de cinq siècles. On a, comme il arrive dans le cours des choses, oublié tous les accidents qu'elle a occasionnés et tous ses défauts, ou bien on les trouve tout à fait naturels.

Peu de personnes songent, devant de nouvelles explosions ou en examinant des défectuosités sanctionnées par le temps, à parler des dangers de la poudre ou à indiquer comme imparfaite la poudre à tirer que le temps a consacrée.

Il n'en est pas de même d'une nouvelle préparation à tirer. Quelque bonne, quelque avantageuse et quelque exempte de défauts qu'elle soit, le plus grand nombre la regardent avec défiance ; et, comme on ne saisit pas aussitôt ses propriétés, ou que l'on n'a pu les comprendre à cause du peu de goût que l'on a d'approfondir les choses, il est possible que l'on ne reconnaisse pas à cette préparation la faculté de remplacer la poudre ordinaire enracinée dans les esprits depuis l'enfance.

Je dirai plus. Il peut arriver, et cela s'est vu quelquefois, qu'aveuglé par la passion, on reproche comme des défauts à la nouvelle préparation les meilleures de ses propriétés.

Il était donc intéressant, à plus d'un point de vue, de soumettre la vieille poudre à tirer à une description approfondie et de montrer principalement ses défauts, d'autant plus que jusqu'à présent, dans la plupart des ouvrages, et surtout dans ceux qui ont été dirigés contre une nouvelle préparation à tirer, les défauts de la poudre à tirer ont été omis comme se comprenant de soi, ou seulement indiqués en partie et d'une manière insuffisante.

Comme il n'existe que des données très-incomplètes sur les accidents passés, on n'a pu en citer que quelques-uns par chapitre; souvent les relations des époques antérieures manquaient complétement, et depuis une trentaine d'années on ne les a même plus du tout inscrites.

Le présent écrit n'a nullement pour but de faire le procès à la poudre à tirer; mais s'il y a des chercheurs qui s'occupent de découvrir un nouveau moyen de projection ou d'en améliorer un déjà connu, on a voulu seulement leur indiquer *les inconvénients que l'on doit éviter dans ces préparations, et les défauts dont doit être exempt un moyen balistique qui a des prétentions à la perfection.*

Il est possible qu'il s'écoule encore un siècle sur le monde et sur les hommes, avant que les défauts de la poudre actuelle soient appréciés de manière à l'obliger à céder la place à une préparation répondant mieux à son but.

Toutefois, même dans ce cas, il est facile de comprendre que la poudre à tirer continuera d'exister à côté de sa nouvelle rivale, car d'un côté elle est indispensable pour la pyrotechnie, et d'un autre côté on ne peut que regarder comme un avantage de n'être pas lié à une préparation à tirer unique, et d'avoir à disposer de plusieurs moyens de projection.

La poudre à tirer peut donc continuer à exister, bien qu'elle n'occupe plus à l'avenir le rang qui lui avait été marqué et assuré pendant des siècles.

En considérant les services que cette préparation à tirer a rendus autrefois, on ne peut méconnaître qu'ils aient été importants ; et si, dans les temps modernes, elle ne peut plus se tenir à la hauteur des perfectionnements introduits dans les armes à feu, on doit savoir s'en consoler avec ce principe fondamental que, si l'on veut continuer de marcher, il faut de toute nécessité abandonner la vieille ornière.

TABLE DES MATIÈRES.

Paris.—Imprim. de Cosse et J. Dumaine, rue Christine, 2.